Das WG-Buch

Jens **Jeep** /
Oliver **Nelle** /
Robert **Neumann**

Das WG-Buch

Vom **Leben**
und **Überleben**
in der
Wohngemeinschaft

Eichborn.

© Eichborn GmbH & Co. Verlag KG, Frankfurt am Main, 1998
Umschlaggestaltung: Christina Hucke
unter Verwendung eines Fotos von Anja von Wiarda, Anne Wehr
und Ariane Störr
Lektorat: Ulrich Ritter / Waltraud Berz
Layout: Johannes Steil
Gesamtproduktion: Fuldaer Verlagsanstalt GmbH, Fulda
Die Ratschläge in diesem Buch sind durch die Autoren und den
Verlag sorgfältig erwogen und geprüft, dennoch kann eine
Garantie nicht übernommen werden. Eine Haftung der Autoren
bzw. des Verlages und seiner Beauftragten für Personen-, Sach-
und Vermögensschäden ist ausgeschlossen.

ISBN 3-8218-1478-0

Verlagsverzeichnis schickt gern:
Eichborn Verlag, Kaiserstraße 66, D-60329 Frankfurt
http:www.eichborn.de

Ein Wort zuvor

Das Leben in der Wohngemeinschaft. Für die einen der Inbegriff
des Wohnens, für die anderen Sinnbild allen Übels. Immer eine

Gratwanderung zwischen Zweckgemeinschaft und Zwangsfamilie, irgendwo auf der langen Strecke zwischen Himmel und Hölle innerhalb von vier Wänden. Die Vorteile klingen verlockend: Die lästigen Dinge des Wohnens (Putzen, Einkauf, Miete, Anschaffung von Haushaltsgegenständen) werden geteilt, die schönen Seiten vervielfachen sich (Gespräche bis tief in die Nacht, interessante MitbewohnerInnen, gemeinsame Kochorgien, gegenseitiges Helfen und Aushelfen, Ansprechpartner, wenn es einmal im Leben oder im Beruf nicht so läuft). Doch die Realität hat ihren eigenen Kopf und verläßt sich nicht auf Ideale. Wer in eine WG zieht, der zieht in das Unbekannte. Das Leben im ständigen Wandel. Das Gegenteil der festen Beziehung mit Eigentumswohnung. Der soziale Partnertausch vollzieht sich stetig und mit der Größe der Wohnung in steigender Häufigkeit.

In den 6oer Jahren als Kommune gleichbedeutend mit freier Liebe und Verweigerung jeder Ordnung aus der Taufe gehoben, in den 7oer Jahren als linksradikal-terroristische, die bürgerliche Gesellschaft bedrohende Keimzelle verschrien, hat sich die Wohngemeinschaft als Alternative zum Familienhaushalt und zum Alleinwohnen fest etabliert. Oft aus Geldmangel und Wohnungsnot, zunehmend aber auch als ganz bewußte Entscheidung für diese andere Art des Lebens ziehen immer mehr Menschen zusammen – wobei die Aussicht auf ein bewußtseinserweitertes Gruppensexerlebnis als Anreiz pragmatischeren Gründen gewichen ist.

Dennoch: Die Wohngemeinschaft bleibt ein Geheimnis, ein Mythos, ein Traum. Eine Flucht vor dem Älterwerden, eine Verlängerung der Jugend, eine Verweigerung gegenüber dem Beständigen, ein Bekenntnis zum Wandel, ein Experiment mit ungewissem Ausgang, manchmal ein Ärgernis, oft aber auch Inspiration und Motivation. Im eigenen Zimmer leben und doch nie alleine sein.

Wohngemeinschaft. Das bedeutet Wohnen plus Gemeinschaft. Gewiß ist nur das erste. Mindestens zwei Menschen teilen sich eine Wohnung, haben eigene Zimmer, aber einen gemeinsamen Flur, eine gemeinsame Küche, ein gemeinsames Klo. Ob die Gemeinsamkeiten weitergehen, ob aus der kollektiven Nutzung einiger Quadratmeter ein gemeinschaftliches Leben wird und wie weit diese Gemeinschaft geht, ist eine Frage der Einstellungen und auch des Zufalls. Wer wie gut mit wem zusammenleben kann, läßt sich nicht abstrakt beantworten.

Genug der assoziativen Reflexion. Mal ganz im Ernst, dieses Buch soll in erster Linie Spaß machen. Beim Lesen. Am Leben in der WG. Und bei der Beseitigung der Dinge, die keinen Spaß machen.

Denn so untypisch jede Wohngemeinschaft typischerweise ist, so typisch sind die Einzelteile, aus denen sich die WG und das Leben in ihr zusammensetzen. Das ganze gleicht einem Puzzle, dessen Teile bekannt sind, die jedoch immer neu und immer anders angeordnet werden. Dieses Buch möchte einen Blick auf die einzelnen Bausteine des Zusammenlebens werfen und ein paar Tips für das Zusammenbauen geben.

Für die NeueinsteigerInnen in das Abenteuer Wohngemeinschaft sollen die folgenden Kapitel Vorgeschmack auf eine ganz andere Art des Zusammenlebens sein. Die WG-Erfahrenen sollen über die Dinge schmunzeln können, die sie selbst zur Genüge ertragen mußten oder erleben durften, verbunden mit ein paar Ideen, wie man Probleme minimieren und den Spaß am Zusammenleben maximieren kann.

Damit jeder weiß, was sie oder ihn in einer WG erwartet, beginnen wir mit einer Präsentation der unterschiedlichen Arten von Wohngemeinschaften, gefolgt von einer Liste typischer WG-BewohnerInnen. Ein repräsentatives Interview mit zwei Langzeit-WGlern gibt einen Überblick darüber, wie das Wohnen in der Gemeinschaft praktisch aussieht. Danach begleiten wir eine ganz normale Muster-WG durch den großen Service-Teil: WG-Probleme und wie man sie lösen kann. Kann, nicht notwendigerweise wird. Denn jede WG ist anders, die Probleme sind vielschichtig und Lösungen immer nur Vorschläge. Der Reiz der WG besteht nun einmal gerade in ihrer Vielfalt, die allgemeingültige Regeln nicht zuläßt. Eingestreut sind kurze Erlebnisberichte aus echten Wohngemeinschaften. Den Schluß bildet ein WG-Lexikon, in dem von Abwasch bis Zwangsputz nichts ernst genommen wird, was das tägliche Leben in der Wohngemeinschaft zu dem macht, was es letztlich ist: Viel Spaß!

P.S.: Gar nicht lachen können wir übrigens über die sprachliche Diskriminierung von WG-BewohnerInnen jeden Geschlechts. Daher gilt hier vor allem, daß alles für alle gilt, auch wenn es nicht danach klingt. Alles klar, lieber Leserin?

Typische Wohngemeinschaften

Keine WG ist wie die andere. Und doch sind manche gleich. Ihr Ursprung, ihre Zusammensetzung oder die Ausgestaltung des täglichen Zusammenlebens können dazu führen, daß aus einer ganz normalen WG (die es natürlich gar nicht gibt) einer der folgenden WG-Typen wird (die es so natürlich auch nicht gibt). Wer in eine WG zieht, sollte wissen, was ihn oder sie – möglicherweise – erwartet. Wer bereits dort wohnt, darf aufatmen bei dem Gedanken, daß alles noch viel schlimmer sein könnte. Hier ist jedenfalls die bisher umfassendste Aufstellung deutscher WG-Typen:

Die Polit-WG

Nach der morgendlichen gemeinsamen Lektüre der taz werden die Themen des Tages diskutiert, wobei man ausgehend vom letzten Störfall im Kernkraftwerk sehr schnell wieder bei der Frage nach der Koinzidenz des Seins und des Sinns landet und die Problematik der Entrationalisierung emotionaler Konfliktlösungsprogramme plötzlich in einem ganz neuen Licht sieht. Schließlich einigt man sich darauf, daß etwas getan werden muß, und läßt vorerst die Frage offen, was. An den Wochenenden fährt die Polit-WG geschlossen zu den Demonstrationen in der Umgebung, protestiert sich dort in einen Nostalgierausch und träumt davon, endlich einmal wieder von der Polizei weggetragen zu werden. Die

WG-Mitglieder sind auch in den Basisgruppen außerhalb der Wohnung sehr beliebt, weil sie immer sagen können, daß sie zur nächsten Aktion noch sieben Menschen mitbringen – ihre MitbewohnerInnen.

Die Wohnheim-WG

Recht lose zusammengewürfelte Gruppe von rechtlosen Studierenden, die mangels Geld oder anderer Angebote auf die eigene Wohnungssuche verzichten mußten. Alle BewohnerInnen der Wohnheim-WG sind sich sicher, mit ihren Mitbewohnern niemals freiwillig zusammenziehen zu wollen; gegenüber Dritten bezeichnen sie sich jedoch als „beste WG aller Zeiten". Die Größe schwankt zwischen zwei und 16 Zimmern/BewohnerInnen. Das Gefühl, in dieser Wohnung zu Hause zu sein, sinkt umgekehrt proportional zur Anzahl der Schlafeinheiten. Ebenso die Sorge um den baulichen Zustand der Wohnung oder des Geschosses. Von der Anzahl der Bäder und Kochplatten kann rückgeschlossen werden auf das Baudatum des Wohnheims, da die Studierenden in früheren Zeiten offensichtlich mehr gearbeitet und deshalb auch weniger gegessen und noch weniger auf dem Klo gesessen haben. Zum Waschen ging man früher ins Schwimmbad, und die Wochenenden verbrachte man im Schoße der Familie.

Die Wohnheim-WG ist naturgemäß von zeitlich begrenzter Dauer, weshalb auch die Ausstattung der gemeinsamen Einrichtungen einem stetigen Wandel unterworfen ist. Dabei ist jedoch kennzeichnend, daß niemals eins zum anderen paßt und vor allem niemand weiß, wem das andere eigentlich gehört. Der Blick in den hinteren Teil des Gefrierschranks ist ähnlich lohnenswert wie eine Expedition in die Ötztaler Alpen und gleicht dem Blick in eine längst vergessene Zeit. Wer sich schon beim Bundeswehr-Corned-Beef nie daran gestört hat, daß die Tiere bereits tot waren, als man selbst gerade geboren wurde, hat auch hier die Gelegenheit, ausgestorbene Tierarten noch einmal auf den Teller zu bekommen.

Die Luxus-WG

In ihr wohnen wahlweise junge Banker, Creative Art Directors, Consulting Manager, Models oder auch einfach reiche Erben. Die Wohnung ist eine ausgebaute 500qm-Lagerhalle im Industriegebiet und die Bewohner haben miteinander nichts zu tun und nichts zu bereden. Sie sind aneinander nicht interessiert und sehen sich nur zufällig. Sie teilen weder Telefon noch Zeitung noch Kühlschrank, dafür aber die Putzfrau, die alle zwei Tage Flur, Küche und Bad reinigt. Ihr Lieblingsfilm heißt „Drei Männer und ein Baby". Ihr Alptraum auch.

Die Kunst-WG

Besteht aus der Filmemacherin Lala von der Kunstschule, dem Steinmetz Kurt und dem Gebrauchslyriker Franz, der sich aber Francis nennt. Lala hat gerade ihren ersten 20minütigen Film mit dem Titel aufgeSTAUt fertiggestellt, in dem die ganze Zeit ein mattes Blau zu sehen ist (die Wand der WG-Toilette), während eine sonore Männerstimme (von Franz auf der WG-Toilette) das Wort „grün" exakt zweitausendundzwei Mal wiederholt. Kurt meißelt in mühevoller Kleinarbeit Heiligenfiguren in Colani-Kloschüsseln, die er aus Rohbauten klaut, während Franz gerade versucht, sich auf seinem *writers block* einen Reim auf „Insektenkadaver" zu machen. Wenn die Kunst-WG Freunde einlädt, spielt sie Montagsmaler auf dem Duschvorhang oder zieht sich ganz intensiv zehn Stummfilme aus den zwanziger Jahren auf Video rein. In der Küche müssen Gäste aufpassen, daß sie sich nicht auf ein *readymade* setzen, das sie für einen Stuhl gehalten haben. Was die Kunst-WG noch nicht weiß: Kurt wird als erstes entdeckt werden – und zwar von der GEZ, weil er seinen Fernseher nicht angemeldet hat.

Die Hedonisten-WG

Die Hedonisten-WG lebt nicht zusammen, sie genießt zusammen. Ihre Mitglieder wissen, daß für den aufgeklärten Konsumenten nicht wichtig ist, *was* er kauft, sondern *daß* er kauft. Nach dieser Devise wird gelebt und geschlemmt. Legendär sind die Freßgelage. Seit es einen Engpaß bei der Gummiversorgung gab, hängt im Bad ein Kondomautomat und vor dem Sex-Shop um die Ecke einer weniger.

Der größte Fehler in der Hedonisten-WG ist, einer Anruferin zu sagen: „Klaus ist nicht da, der ist gerade bei seiner Freundin" – mit größter Wahrscheinlichkeit hat man nämlich gerade die Zweit-, Wochenend- oder Sonstwiebeziehung am Hörer.

Die Teenie-Yuppie-WG

Die Teenie-Yuppie-WG lebt in der schönen Altbauwohnung um die Ecke. Das Haus gehört den Eltern einer der Bewohnerinnen. Miete wird deshalb natürlich nicht bezahlt. Wenn es in der Küche plötzlich zu piepsen anfängt, kommt Hektik auf: Alle wühlen in ihren Taschen, um nachzuschauen, ob sich nun *sein* Scall, *ihr* Quix oder das WG-Tamagotchi meldet. Die Soziologie nennt die Bewohner der Teenie-Yuppie-WG entweder lang und umständlich „manieristisch-postalternativ" oder einfach kurz: „Flyers" – Fun Loving Youth En Route to Success.

Streit gibt es nur um den einzigen Autostellplatz vor der Wohnung. Denn schließlich hat jeder ein Auto zum 18. Geburtstag von den Eltern geschenkt bekommen. In der Teenie-Yuppie-WG läuft MTV stets im Hintergrund und gekocht wird vom Pizza-Bring-dienst.

Montag bis Freitag wird hauptsächlich damit verbracht, die Wohnung und sich auf das Wochenende und die damit fällige Party vorzubereiten. Vorbereiten müssen sich auch die Nachbarn, bei denen der Wochenendausflug inzwischen fester Bestandteil der wöchentlichen Planung ist.

Die Öko-WG

Die Öko-WG redet nicht, sie rettet die Welt. Sie sammelt Regenwasser für die Klospü-lung, Sonnenenergie für den Toaster und macht „Erkenntnis-Urlaub" in Indonesien, um dort zu lernen, wie man ohne große Energieverschwendung Brot backt. Selbstverständ-lich sind alle WG-Mitglieder Vegetarier und träumen davon, ihren FreundInnen ein blu-tiges Grünkernsteak mit Ofenkartoffel unterzuschieben, ohne daß diese das merken. Die Ökos trennen Altpapier, Kompost, Naßmüll und sich von ihren Lebensgefährten, die das alles nicht mehr aushalten. Ohne die Öko-WG wäre Birkenstock pleite und die Erde würde sich vermutlich nicht mehr drehen.

Die Liebes-WG

Die Liebes-WG besteht (meist) aus Mann und Frau, die sich (meist) lieben und (meist) ganz bewußt entschieden haben zusammenzu-ziehen, weil

•   sie sich gar nicht oft genug sehen können
•   sie denken, daß das zu einer Beziehung dazugehört
•   sie ausprobieren wollen, ob sie auch im Alltag miteinander auskommen

- sie einfach gerade beide auf Zimmersuche waren und zufällig diese Zwei-Zimmerwohnung frei wurde
- sie Heiratsabsichten hegen und genau jetzt mit ihrer Probezeit beginnen
- sie sich überhaupt keine Gedanken gemacht haben.

Welche Gründe auch immer – es ist nur eine Frage der Zeit, bis sie herausgefunden haben, was sie wirklich jeweils am anderen am meisten stört.

Die Zwangs-WG

Spätes Stadium der Liebes-WG. Die Liebes-WG geht in die Zwangs-WG über, wenn die räumliche der emotionalen Trennung noch nicht gefolgt ist, weil so schnell kein neues Zimmer aufzutreiben war. Sie ist die stressigste Form der Wohngemeinschaft: Man kann sich nicht mehr sehen, tut dies aber täglich. Das Zusammenwohnen beschränkt sich auf die elementaren Dinge wie den Streit um die Nutzungszeiten von Küche und Bad.

Die Lehrbuch-WG

In der Lehrbuch-WG wohnt niemand zufällig, jedenfalls nicht mehr. Man kennt sich. Man akzeptiert sich. Man kauft viele Nahrungsmittel zusammen. Man teilt sich den Kühlschrank, statt ihn zu unterteilen. Man kocht ab und an zusammen. Geht ab und an zusammen aus. Hat gute Gespräche. Hat viel Spaß. Aber hängt auch nicht zu oft zusammen. Es wird alles zusammen benutzt, während gleichzeitig Privatsphären und individuelle Marotten akzeptiert werden. Der Müll wird abwechselnd runtergebracht, das Bad ist nie zu lange besetzt. Das Geschirr ist immer abgewaschen, die Küche immer geputzt, man hat eine Spüluhr und einen Putzplan. Im Kühlschrank vergammelt nichts und laute Musik gibt's nur, wenn es garantiert niemanden stört. Das Telefon wird zusammen benutzt, aber Engpässe werden vermieden, da niemand stundenlang telefoniert. Die Telefonabrechnung wird auf dem PC perfekt, gerecht und schnell geregelt, Fehleinheiten gibt es nicht. Alle Mitteilungen von AnruferInnen überleben das Kurzzeitgedächtnis und werden zuverlässig über eine Pinnwand beim Telefon weitergeleitet. Niemand erwartet, daß alles gemeinsam gemacht wird. Man kann sich auch ein paar Tage seltener sehen. Oder gar nicht. Man fühlt sich verbunden, ohne angebunden zu sein. Die interne Entscheidungsfindung ist per Konsensentscheidung und Vetorecht kein Problem. Streit gibt es nie – und wenn, dann unheimlich konstruktiv. Seine Gäste sind auch ihre Gäste und umgekehrt.

Die Lehrbuch-WG ist eine WG wie aus dem Lehrbuch und hat nur ein Problem: Sie existiert nicht.

Die eine Männer-WG

In dieser WG sind Männer unter sich. Von den Ausläufern der Emanzipation unberührt kommt die geballte Männlichkeit zur freien Entfaltung. Über Blondinen kann befreit gelacht, über Fußball unbefangen philosophiert und über die andere Männer-WG hemmungslos hergezogen werden. Zum großen WG-Essen kommt der Pizza-Bringdienst und zum Abwasch der Berg. Mitbewohner und Eier werden bei jeder Gelegenheit in die Pfanne gehauen. Auch auf dem Klo ist die Welt noch in Ordnung, entspannt darf im Stehen und hohen Bogen gepinkelt werden. Frauen finden die Männer-WG abscheulich, kommen aber trotzdem oft und gerne zu Besuch.

Was sich kein Mitglied der Männer-WG zu sagen traut: Der ewige Dreck in der Wohnung kotzt alle an, das große Geschäft erledigen alle nur noch auf der Arbeit oder in der Uni und über die ewigen Blondinenwitze kann auch keiner so richtig lachen, wenn sich niemand darüber aufregt. Und so wartet die Männer-WG nur darauf, daß einer von ihnen aus- und eine von denen einzieht.

Die andere Männer-WG

Unterscheidet sich grundlegend von der einen Männer-WG. Mann will beweisen, daß es auch ohne Frauen und Quote gleichberechtigt emanzipiert zugeht und hat hohe Ansprüche an den Sauberkeitsgrad der Wohnung. Mittags und abends wird gemeinsam gekocht und danach bei „Casablanca" gemeinsam geweint. Der Samstag ist großer Putztag und das Bier zur BewohnerInnen-Aussprache alkoholfrei. In Abgrenzung zur einen Männer-WG nennt sie sich „moderne Männer-WG".

Frauen finden diese Art der Männer-WG unheimlich dufte, kommen aber selten zu Besuch und bleiben nie lange.

Die eine Frauen-WG

Der große Vorteil der einen Frauen-WG ist, daß hier Frauen unter sich sein können. Der große Nachteil ist, daß hier Frauen unter sich sein müssen. Da der Mann als natürlicher Blitzableiter weiblicher Energie fehlt, richten sich Haß und Liebe gegen die Mitbewohnerinnen – im viertelstündlichen Wechsel. Alle sind zugleich die besten Freundinnen und die größten Schnepfen.

Geputzt wird in der Frauen-WG ohne Putzplan und daher meistens nicht. Das Bad gleicht einem Endlager für „All-in-one"-Shampoos und das Toilettenpapier ist gerade alle. Männliche Besucher werden gern gesehen und beim Schließen der Tür bis auf die Unterhose analysiert. Hat die Nachbarin Beziehungsprobleme, leiden alle mit und geben ehrliche Lebenshilfe. Sieht die Ursache des seelischen Ungleichgewichts gut aus, raten sie „Verlaß ihn", ist er ein Ekel, lautet die Empfehlung: „Gib ihm noch 'ne Chance!".

Davon abgesehen sind sich die Frauen einig, daß Männer Schweine sind und nur das eine wollen – leider immer zur falschen Zeit. Wenn die Frauen nicht miteinander reden, telefonieren sie. Versuche, das Telefon zu ergattern, enden an einer der Zimmertüren, die Gespräche nie.

Die andere Frauen-WG

Ihre Bewohnerinnen sind immer in Frauenbewegung, sei es um Flugblätter nicht an Männer zu verteilen oder sich gegenseitig die Haare so kurz zu schneiden, daß zwar der Job in der „Wash-an- Go-Werbung" endgültig flöten, der Abfluß aber selten verstopft ist. Anders als die eine Frauen-WG ist die andere Frauen-WG niemals bei der einen und erst recht nicht bei der anderen Männer-WG zu Gast, weil sie getreu dem Motto lebt, daß eine Frau ohne Fahrrad so ist wie ein Mann ohne Fisch.

Oder so. Wer hier wohnt, die ist kämpferisch und hat
einen anständigen Beruf wie Kfz-Schlosserin, Elektrike-
rin oder Politesse. Wenn die Mitgliederinnen der anderen Frauen-WG träumen, dann schneiden sie einem
Autor für einen Text wie diesen nicht nur das Wort ab.

Die Zweck-WG

Der Begriff „Zweck-WG" taucht meistens in Verbindung mit den Worten „Zimmer frei"
auf. Die Zweck-WG ist der kleinste gemeinsame Nenner beim Versagen aller Zähler.
Meist definiert sie sich dadurch, daß sie keine der anderen WGs ist. Man sucht eine
Zweck-WG, weil man Angst hat, seine Persönlichkeit sonst in den Sumpf aus gemeinsa-
mem Einkauf und langen Psychoanalysen am Küchentisch werfen zu müssen. Die
Zweck-WG verbindet in der Theorie so viel Wohnen wie nötig mit so wenig Gemeinsamkeiten wie möglich.

Die Kinder-WG

Die Kinder-WG ist in Wirklichkeit eine WG mit Kindern. Sie erfüllt
die unausgesprochenen Träume ihrer BewohnerInnen: Die einen
können ein Kind haben und müssen doch nicht auf die Freuden
der durchgemachten Nächte in der Szenekneipe verzichten, weil
immer ein Gratis-Babysitter zur Stelle ist. Die anderen dürfen kin-
derlos bleiben und brauchen doch nicht auf die Schmusereien mit
so einem kleinen süßen Fratz in der eigenen Wohnung verzichten.
Die Kinder wachsen mit sieben Müttern und drei Vätern auf, kennen bei der Einschulung alle Folgen von Derrick und wissen genau,
daß das bedächtige Ausräumen des Kühlschranks für mehr Aufmerksamkeit sorgt als alles Herumgeschreie.

Die Wir-reden-über-alles-WG

*Klaus, Sozialpädagoge, und Gudrun, Kindergärtnerin, sitzen zusammen am Frühstücks-
tisch. Klaus holt tief Luft. Er möchte etwas sagen, das ihm augenscheinlich unangenehm
ist:*
KLAUS: Also, äh, ich finde es ja gar nicht gut, wie das so im Augenblick mit uns läuft. Wir hatten doch erst vorgestern so eine richtig
gute Aussprache gehabt zu der Frage, ob es nun sexistisch ist,
wenn wir Männer im Stehen pinkeln oder aber diskriminierend,
wenn wir uns hinsetzen müssen. Und da waren wir uns doch
gegen Mitternacht einig, daß wir es jetzt, gewissermaßen als
Kompromiß, einfach mal andersherum probieren wollen, ich
meine, die Männer im Sitzen und die Frauen im Stehen und jetzt

habe ich mich hingesetzt und es war halt alles total naß und es tut
mir echt leid, aber ich hab mir das so total anders vorgestellt.

GUDRUN: Das ist schon echt klasse, daß Du das hier so offen
ansprichst und dafür möchte ich Dir auch wirklich danken. Du bist
echt ein ganz, ganz lieber Mitbewohner.

DIETER *(Rehabilitationshelfer in der Justizvollzugsanstalt, betritt
den Raum mit betretener Miene)*: Sagt mal, Gudrun und Klaus,
meint Ihr nicht auch, ich meine, ich habe gerade diese Bilder in den
Nachrichten gesehen, von diesen armen Kindern in Afrika, und da
dachte ich, wir könnten ja eigentlich von dem Überschuß in der
WG-Kasse noch ein zweites Los vom Großen Preis kaufen, wißt Ihr,
weil man muß ja auch was tun.

GUDRUN: Mensch Dieter, da hast Du sicher einen wirklich guten
Gedanken gehabt, aber sag mal, es geht mich ja nichts an, aber Du
wolltest doch eigentlich Pause machen und jetzt hast Du schon
wieder 'nen neuen Mann in Deinem Zimmer.

DIETER: Ja Gudrun, es tut gut, daß Du mich da so offen ansprichst.
Ich fände es echt toll, wenn wir da mal in Ruhe drüber reden k...

IRENE *(Psychologiestudentin, stürmt in die Küche)*: Oh, entschuldigt bitte, daß ich Euch
störe, denn ich finde es auch gar nicht gut, wenn man so mitten in einem wichtigen
Gespräch ist und dann so unsensibel ... *(die anderen wiegeln ab, das sei doch kein Problem)* ... doch, doch, ich finde mich sehr unsensibel, und darüber wollte ich auch noch mit
Euch reden, aber vielleicht ein andermal, ... also wenn man dann so unsensibel unter-
brochen wird und das war jetzt bestimmt unheimlich wichtig, was ihr da besprochen
habt, aber ich wollte nur sagen, daß unsere Wohnung brennt und die Leute mit den
Schläuchen da meinen, wir sollten mal runter kommen und sie wollten mit uns drüber
reden.

Die intellektuelle WG

Schöngeistige Diskussionen bis weit nach Mitternacht, Theoreti-
sieren, bis der Morgen graut – das ist der Tribut an den Weltgeist,
der sich tagsüber selten zeigt. Die intellektuelle WG besteht ausschließlich aus GeisteswissenschaftlerInnen, die Politik, Soziologie oder Philosophie (oder alles zusammen) studieren, studiert
haben oder studiert haben könnten. Geredet wird über alles, was
die Welt vielleicht beschäftigt, ohne sich durch die Frage praktischer Durchführbarkeit ablenken zu lassen. Kommen nachts ver-
dächtige Geräusche aus der Nachbarwohnung, wird im Telefon-
buch unter E wie Einbrecher gesucht.

WG-BewohnerInnen und woran man sie erkennt

Natürlich sind auch die BewohnerInnen einer WG so verschieden wie der Rest der Menschheit. Und doch werden alle, die jemals in einer WG gelebt haben, bestätigen können, daß es ganz bestimmte Typen gibt, die immer wieder auftauchen, mal in prägnanter, mal in abgeschwächter Form oder gar als Kombination aus verschiedenen Charakteren. Damit man weiß, auf was man sich in der WG einläßt, hier eine Übersicht über die wichtigsten und häufigsten Typen, die einem morgens vor dem Bad begegnen können.

Die Aktivistin

Die Aktivistin ist immer unterwegs, organisiert Demos, Sitzstreiks, Protestkundgebungen und Kongresse. Was sie auch anfaßt, sie sieht sofort, wo etwas falsch ist und wie es besser gehen könnte. Dies muß sie der ganzen Welt mitteilen. Es vergeht daher keine Woche, ohne daß die lokale Presse über eine ihrer Aktionen berichtet.

Ihre Krankengeschichte liest sich wie eine Chronik der linken ökologisch-antifaschistischen Bewegung: Platzwunde bei Demo gegen NPD-Parteitag, gebrochener Arm bei Straßen-Bauplatz-

Besetzung, Rippenprellung bei Castor-Blockade, Stichwunde bei Schlägerei mit Skins.

Die Aktivistin benutzt die Computer ihrer MitbewohnerInnen dazu, die vielen Flugblätter gegen Filz in der Verwaltung, den Bau der neuen Umgehungsstraße oder die neuesten Subventionskürzungen im Kulturbereich zu schreiben und versäumt es nie, als Kontaktadresse die Telefonnummer des WG-Apparates anzugeben. Wenn dann die wütenden AutofahrerInnen anrufen, denen die Aktivistin das Aktionsprogramm „Lieber Rasen statt Rasen" mit Tapetenkleister auf die Windschutzscheibe geklebt hat, ist die Aktivistin leider gerade wieder unterwegs, um Versuchstiere aus einem Labor zu befreien.

Der Sportler

Er steht morgens früh auf, um vor dem Frühstück schnell noch etwas zu joggen. Dann ißt er vier gekochte Eier und eine Dose Fisch, raucht drei Zigaretten und verwöhnt seine soeben aufgestandenen MitbewohnerInnen mit unerträglich guter Laune. Er studiert Sport und Biologie auf Lehramt und sorgte neulich durch einen Bungee-Jump von der Unibibliothek für Aufsehen. Mittags springt er weit, läuft lang und wirft Speer. Er bohrt beim Free-Climbing am Kölner Dom locker in der Nase und hängt seine durchgeschwitzten Klamotten abends auf den Wäscheständer im Bad, damit er sie am nächsten Tag nochmal anziehen kann. So spart er das Geld für die viele Wäsche und schont die Umwelt im allgemeinen, nur nicht seine lokale. Er säuft wie ein Loch, raucht wie ein Schlot und wird später eine seiner Schülerinnen aus dem Sportunterricht heiraten.

Der Musiker

Er spielt Cello und sucht ein großes Zimmer, in das er einen Schallkasten einbauen kann. Ein Schallkasten ist ein überdimensionaler Eierkarton, in dem ein Cello-Spieler samt Cello Cello spielen kann, ohne daß die WG des Cello-Spielers das Cello und der Cello-Spieler die Proteste der WG des Cello-Spielers hören kann. Oder er ist Sänger in einer All-White-HipHop-Band, die seit vier Jahren kurz vor dem Durchbruch steht und deren Mitglieder nur für ein paar Tage mit in der WG wohnen müßten, weil ihnen der Vermieter gerade den Probenraum gekündigt hat. Oder sie ist Gesangsschülerin an der Musikhochschule und träumt von einer Karriere als Opernsängerin, wird aber einfach nicht dick genug.

Die Eingebildete

Kann Stunden im Bad verbringen. Danach muß das Bad Stunden gelüftet werden. Läßt ihre Mode-Journale überall in der Küche herumliegen. Beteiligt sich nicht am Abo der *taz*, da der Fashion-Teil nicht umfangreich genug ist. Verlangt von ihren MitbewohnerInnen ständig Kommentare zu ihren Klamotten. Verweigert den Spüldienst, weil sie um ihre geschmeidige Haut fürchtet. Putzt auch nicht, weil sie mit irgendwelchen Bakterien in Kontakt kommen könnte.

Der Schlonz

Der Schlonz ist eine wirklich liebenswürdige Type, die über Wochen nicht spült, jeden Anruf vergißt, regelmäßig ohne Schlüssel aus der Wohnung geht und die Herdplatten anläßt, der man es aber nie richtig übel nehmen kann, weil sie es ja nicht böse meint. Darauf angesprochen sagt der Schlonz mit einem entschuldigenden Lächeln: „Oh, ich bin gerade unheimlich im Streß, aber ich lad' Euch dafür in ein paar Wochen zum Essen ein." Eine solche Zusage entschwindet rasch aus dem Kurzzeitgedächtnis des Schlonzes, was dieser aber nicht böse meint. Das angekündigte Essen findet nicht statt. Darauf angesprochen meint der Schlonz nur mit einem entschuldigenden Lächeln: „Oh, ich bin gerade unheimlich im Streß, aber ich lad' Euch dafür in ein paar Wochen zum Essen ein." Er ist halt ein Schlonz.

Der Gestreßte

Der Gestreßte ist gerade unheimlich im Streß und daher leider – sonst aber immer und gerne – nicht in der Lage, an der WG-Sitzung, dem gemeinsamen Essen, dem Frühjahrsputz, der Aussprache über das latent fehlende Klopapier oder der Auswahl der BewerberInnen für das freie Zimmer teilzunehmen. Ihn nervt die laute Musik von nebenan, der Lärm der spät heimkehrenden Mitbewohner und die Unordnung in der WG. Alles, was er verlangt, ist ein bißchen Rücksicht, und das ist ja wohl nicht zuviel verlangt. Wenn der Gestreßte einmal nicht im Streß ist, ist er viel zu gut drauf, als daß er sich um einen der oben genannten Punkte kümmern könnte. Er schaut seine Mitbewohner dann verständnislos an und fragt: „Hey, müßt ihr eigentlich immer so einen Streß machen. Seid doch mal locker."

Die Unsichtbare

Die Unsichtbare ist angeblich eine Mitbewohnerin, doch so genau weiß dies niemand, weil man sie nie sieht. Sie geht aus dem Haus, wenn alle noch schlafen, kommt zurück, wenn alle schon wieder schlafen und kocht, wenn die anderen auswärts essen. Wenn man sie sieht, sieht man sie vorbeihuschen. Wenn man sie hört, hört man das Schließen ihrer Tür. Wenn sie etwas fragen will, dann steht sie solange still da, bis man errät, was sie möchte. Wenn sie auszieht, dann fällt dies erst nach einer Woche auf.

Der Opportunist

Wenn es was abzustauben gibt, ist er da. Wenn es ums Abstauben der WG-Regale beim Frühjahrsputz geht, liegt er mit plötzlichen Kopfschmerzen im Bett. Das Einkaufen überläßt er seinen MitbewohnerInnen, bis ihm die Ausreden ausgehen – schließlich kann man nicht immer Kopfschmerzen haben – und er aus dem Einkaufskollektiv zwangsweise ausgeschlossen wird. WG-Sitzungen versäumt er grundsätzlich. Zur Versöhnung besorgt er Weinflaschen, die „vom Laster gefallen sind" und an die er über seinen Job in der Weinhandlung billiger kommt. So schafft er es immer wieder, den Rausschmiß aus der WG wegen permanenter Arbeitsverweigerung zu umgehen.

Die Mehlmotte

Für manche ein sofortiger Grund auszuziehen, für andere ein akzeptiertes Übel jeder Küche, die nicht unter einer alles aufräumenden und sterilisierenden Herrschaft steht. Selbst der Vatikan hat sie als Geschöpf Gottes in seinen Vorratskammern. Böse Zungen behaupten dagegen, die Mehlmotte sei aus einem geheimen CIA-Labor ausgebrochen, in dem erfolgreich an Vorratsvernichtungswaffen geforscht wurde.

In der WG macht sie sich über alles Eßbare her und verwandelt es in Nichteßbares. Sie legt ihre Eier ins Mehl, die heranwachsenden Würmer sind im Müsli zu entdecken, und komische Fäden in der Kräutertüte verraten ebenfalls ihre Existenz. Fliegende Tiere sind schnell zur Strecke gebracht – die Flecken an der Wand sind beständiger als ihre Ursache und zeugen von harten Luftschlachten.

Der Techniker

Der Schraubenzieher ist sein Colt, die Fernseher und Toaster der WG sind seine Prärie, ein dankbares Lächeln und ein Stück Kuchen sein Kopfgeld. Er schraubt schneller als sein Schatten, der sofort in den Raum huscht, kaum daß irgend etwas nicht funktioniert. Manchmal auch, *obwohl* alles funktioniert, wie seine MitbewohnerInnen angesichts der signifikant gestiegenen Schadensfälle und Bäckereibesuche vermuten.

Der Schnorrer

Der Schnorrer ist immer in der Nähe, wenn gekocht oder gegessen wird. Er fragt dann freundlich „Ach, ihr kocht?", oder er bemerkt fast beiläufig „Oh, das sieht aber lecker aus, schmeckt bestimmt auch ganz toll!?" Dabei steht er unschlüssig in der Küche und faßt sich ans Kinn, als würde er nachdenken. Indessen denkt er tatsächlich nach, und zwar darüber, wie lange er noch so dastehen muß, bis er endlich gefragt wird, ob er mitessen möchte. Auf die Fragen des Schnorrers antwortet man am besten mit: „Kochen? Nein, wir entwässern nur das Gemüse, damit es nicht soviel Platz im Müll wegnimmt. Schmecken? Sehr lecker, die Reste des Fischtellers von letzter Woche. Im Kühlschrank war alles so voll, da haben wir ihn auf den Balkon in die Sonne gestellt. Möchtest Du etwas abhaben?." Der Schnorrer verweist dann auf seine Diät und schiebt sich eine Pizza in den Ofen. Die gehört zwar nicht ihm, aber seine Nachbarin hat sicher nichts dagegen.

Der Saubermann

Er ist ein typischer Einzelgänger und könnte es selbst mit der radikalsten Reinemachefrau nicht in einer Wohnung aushalten. Er ist nur glücklich, wenn er seinen Mitbewohnern Schlamperei beim Wohnungsputz nachweisen kann (Staub unter dem Küchenschrank, Grauschimmel auf dem Linoleum oder gar ein nicht ausgewrungener Schwamm), was ihm jedesmal gelingt. Sein eigener Hausputz ist ihm heilig und er wird nicht müde, seine Reinigungsmethoden und auch sich selbst zu loben. Wenn es ihm zuviel wird, paßt er sich schlagartig dem vermeintlichen Verhalten seiner Peiniger an und wird aus Protest zum größten Drecksack der WG. Er ist zu keinem Leben jenseits dieser Extreme fähig und gehört daher auf den Mond geschossen – zum Staubsaugen.

Die Kreative

Malt, zeichnet, töpfert, fotografiert, filmt, schneidert, bastelt und noch vieles mehr. Die WG ist voll von ihren Werken, der Flur überhäuft mit Paint-Session-Bildern, die Küchenregale sind Begegnungsstätte von Salzstreuer und Skulptur, von Marmeladeglas und Modelliertem. Und auch die Zimmer der BewohnerInnen bleiben von ihren Werken, meist als Geschenke oder Leihgaben, nicht verschont. Die Wohnung stinkt immer abwechselnd nach Ölfarbe oder Klebstoff, das Waschbecken im Bad wechselt täglich seine Farbe, und immer, wenn das Telefon klingelt, ist es nicht die Galerie in New York.

Der Schöne

Er ist schön, attraktiv und sich dessen durchaus bewußt. Mitbewohner sind neidisch auf ihn, Mitbewohnerinnen verlieben sich in ihn. Der Schöne sät Zwietracht in der WG, ohne es zu beabsichtigen. Er ist kein Intrigant und will keine Konkurrenzkämpfe. Er ist eben einfach nur schön.

Die Veganerin

Die Veganerin weigert sich, die Tierwelt auszubeuten, und verachtet alle, die es ihr nicht gleichtun. In ihrem früheren Leben als Vegetarierin aß die Veganerin lediglich kein Fleisch, nun faßt sie auch Milch, Käse und Eier nicht an – letztere höchstens, um sie auf Politiker und Bauernverbandspräsidenten zu werfen. Um den natürlichen Lebensraum der Vogelwelt zu erhalten, schreibt sie auch nicht auf Papier, sondern auf einem Tablett mit Wüstensand und gibt die Hausarbeiten nur auf Disketten ab. Beliebt ist die Veganerin beim gemeinsamen Einkauf, weil Reis und Kartoffeln billig sind, unbeliebt ist sie beim gemeinsamen Festessen, weil Reis und Kartoffeln langweilig sind. Die Veganerin sieht nicht aus wie Mr. Spock, aber ihre MitbewohnerInnen würden ihr für die Miesmacherei beim Spareribs-Fest gern die Ohren auf eine vergleichbare Länge ziehen.

Der Raver

Ein Raver in der WG ist schnell entdeckt: Auf dem Wäscheständer drängeln sich hautenge T-Shirts, im Bad liegt ein Langhaar-Rasierer und die Türen haben Beulen auf Stirnhöhe, da die Oakley-Sonnenbrille auch nachts unbedingtes Muß ist.

Wenn er nicht gerade seine Trillerpfeifen ausprobiert oder das Klo mit Flyern tapeziert, ist der Raver ein pflegeleichter Mitbewohner: Am Wochenende ist er wieder auf einem wichtigen Event, Montag und Dienstag gehören zum verlängerten Chill-out, und über Politik muß man nicht mit ihm streiten: Die einzige „politische" Demonstration, die er je in seinem Leben besucht hat, ist die Love-Parade.

Der Vernünftige

Er trinkt keinen Alkohol, raucht nicht, geht früh ins Bett und steht früh auf. Er behauptet nichts, ohne es nicht genau zu wissen, und geht jedem Ärger mit seinen Mitbewohnerinnen aus dem Weg, indem er nur von Mitbewohner*Innen* spricht. Er räumt jeden Tag sein Zimmer auf, übermittelt telefonische Nachrichten prompt und mit allen Angaben, hört nie laute Musik und hat keine Freunde, die unangemeldet zu Besuch kommen. Er putzt immer und pünktlich, und wenn er es doch einmal vergißt, dann entschuldigt er sich mit einem Essen bei der WG. Der Vernünftige wohnt zumeist in anderen WGs und ist der Traum aller WG-BewohnerInnen. Wohnt er doch in der eigenen WG, ist der Vernünftige einfach unerträglich.

Das Pärchen

Eigentlich wohnt nicht das Pärchen in der Wohnung, sondern nur er oder sie. Aber faktisch ist sie oder er sieben Tage in der Woche anwesend, weil in seiner oder ihrer Wohnung die MitbewohnerInnen doof, das Bett schmaler als 140 cm, der Weg zur Arbeit/Uni/Schule zu weit, der Balkon zu klein oder die Badewanne nicht existent ist. Er oder sie wurde nie richtig vorgestellt, ist aber immer da. Die beiden machen den doppelten Dreck, trinken die doppelte Menge der WG-eigenen Getränke, blockieren das Bad dreimal so lang und sind nachts fünfmal so laut. Er oder sie steht nie wieder allein für Gespräche zur Verfügung, sondern ist entweder im Doppelpack oder gar nicht zu haben. Der zaghafte Versuch, ihn oder sie einfach in den Putzplan einzubinden, führt zu einem schweren Zerwürfnis mit dem Pärchen, das von nun an herumerzählt, er oder sie würde in der intolerantesten WG aller Zeiten wohnen. Er oder sie schlägt deshalb vor, doch lieber zu ihr oder ihm zu gehen und wenn sie dort nicht gestorben sind, dann haben sie sich noch heute lieb.

Es gibt 1000 gute Gründe...

...in eine WG zu ziehen. Hier die zehn wichtigsten:

1. ABWECHSLUNG. Ist man im Beruf oder im Studium nur von der gleichen Art Mensch umgeben? Kein Problem, die WG schafft Abhilfe. Nichts erweitert den Horizont mehr, als in einer Wohngemeinschaft mit Leuten zu leben, die ganz andere Dinge im Alltag machen. NaturwissenschaftlerInnen lernen Interessantes über Lyrik, GeisteswissenschaftlerInnen erfahren Erstaunliches über die Gentechnik. Wenn Schreiner und Literaturwissenschaftlerin, Krankenschwester und Jurist, Erzieher und angehende Diplomchemikerin eine Küche teilen, sind dem Erfahrungsaustausch über den Tellerrand keine Grenzen gesetzt.

2. ERWERB VON ZUSATZQUALIFIKATIONEN. Wer in einer WG gewohnt hat oder wohnt, signalisiert Teamfähigkeit, Belastbarkeit und Toleranz. Ganz zu schweigen von hauswirtschaftlichen Qualitäten, Organisationserfahrung, Konfliktfähigkeit und sämtlichen Schlüsselqualifikationen für einen Job im diplomatischen Dienst.

3. ÖKOLOGISCHE EFFIZIENZ. In einer WG nutzt man die „Ressource Wohnraum" ökologisch effizienter als in einem Singlehaushalt. Wenn alle Leute allein wohnen würden, müßten einige Häuser mehr gebaut werden. Das hieße: Mehr Bebauung und damit Flächenversiegelung, mehr Energieverbrauch, mehr Materialverbrauch. In der WG teilen sich mehrere eine Küche mit zugehörigen Elektrogeräten, ein Bad mit entsprechenden Installationen, einen Staubsauger usw. Die Wohngemeinschaft verbraucht viel weniger Strom und viel mehr Wein.

4. VIELFALT AN NÜTZLICHEN DINGEN. Johanna hat die Nähmaschine, Gunter die Bohrmaschine, Björn den kompletten Werkzeugkoffer,

Eva den Laserdrucker, Paul den neuesten Brockhaus und Gudrun die italienische Espressomaschine. Zusammen haben sie den bestausgestatteten Haushalt des Stadtteils.

5. GEGENSEITIGES AUSHELFEN IN NOTLAGEN. Mit einem Bein in Gips läßt sich schlecht einkaufen. Das erledigen dann die MitbewohnerInnen. Dafür kann man sich revanchieren, wenn die Mitbewohnerin mit Fieber das Bett hüten muß. Droht das Liebesvergnügen am fehlenden Kondom zu scheitern, kann der Mitbewohner aushelfen.

6. ÜBEN FÜR DIE ZUKUNFT. Das Leben in der Wohngemeinschaft ist eine hervorragende Übung für die „Bis daß der Tod Euch scheidet"-WG. Man lernt, mit den Eigenheiten anderer Menschen zu leben und sich nicht über jeden Kleinkram zu streiten. Wer das ein paar Jahre mitgemacht hat, ist für den Ernstfall gerüstet – die Ehe.

7. VORBEREITUNG AUF DIE POLITIK-KARRIERE. In der WG geht es zu wie in der Bundeshauptstadt: Gibt es ein Problem, wird viel und lange diskutiert. Nach mehreren bis in die späte Nacht reichenden Sitzungen wird mühsam eine Lösung gefunden. Deren Umsetzung dauert länger als Diskussion und Entscheidungsfindung zusammen. Aber am Ende sind alle ganz stolz auf das, was sie beinahe erreicht hätten.

8. ERWEITERUNG DES BEKANNTENKREISES. Egal, ob UmzugshelferInnen, Lektoren für Hausarbeiten, Handwerker für den Anschluß des Herdes oder ExpertInnen für Heilkräuter gebraucht werden – im erweiterten Bekanntenkreis der WG findet sich alles.

9. WENIGER STRESS DURCH ARBEITSTEILUNG. Die Einkaufsgänge vermindern sich um mindestens die Hälfte, das lästige Putzen fällt seltener an, Organisationsaufgaben wie Telefonabrechnung und Stromrechnung werden auf die BewohnerInnen aufgeteilt. Es gilt die Faustregel: Häufigkeit der häuslichen Pflichten beim Alleinwohnen geteilt durch Zahl der WG-Mitglieder ist gleich Häufigkeit der häuslichen Pflichten in der WG. Müßte man sich sonst jeden Tag waschen, ist man als Mitglied der 7er-WG nur noch einmal pro Woche dran.

10. WELTWEITE KONTAKTE. Besser noch als das Internet vernetzt die WG die BewohnerInnen der Welt. Je nach neuem Aufenthaltsort der ehemaligen MitbewohnerInnen hat man Übernachtungsmöglichkeiten in New York, Rio oder Leipzig. Kommt die Freundin der Zimmernachbarin zu Besuch, bahnt sich auch ein Bett in Paris an.

Nachgefragt:
WG – auch noch in 10 Jahren?

Interview mit Elke, 23, und Marc, 25. Beide leben in Wohngemeinschaften.

Ihr wohnt beide in WGs. Wie muß man sich das vorstellen, wenn man vorher noch nie so eine „WG" gesehen hat?

MARC: Das ist eigentlich gar nicht so spektakulär, wir wohnen zu dritt in einer 3-Zimmer Wohnung. Jeder hat sein eigenes Zimmer. Küche und Bad werden von allen benutzt.

ELKE: Bei uns ist es ähnlich, nur daß wir zu fünft sind. Wir haben aber eine gemütliche Küche, da passen auch schon mal sieben Leute an den Eßtisch, wenn's sein muß. Es ist ein schöner Altbau in der Innenstadt, nur leider an einer großen Straße. Ich glaub, nur deswegen hat unser Vermieter an eine WG vermietet. Eine Familie, die sich so eine Wohnung leisten könnte, wohnt im Grünen.

Wie seid ihr überhaupt dazu gekommen, in eine WG zu ziehen?

MARC: Bei mir war das gar nicht so geplant. Ich habe im Zivildienst schon mit ein paar Leuten in einem Wohnheim gewohnt. Als ich dann angefangen habe zu studieren, hatte ich das Glück, einen Platz in einem Studentenwohnheim zu bekommen. Nach drei Jahren war mir das aber zu unpersönlich, deswegen bin ich in eine WG gezogen.

ELKE: Ich wollte von Anfang an in eine WG. Erstens ist es langweilig, alleine zu wohnen, und zweitens finde ich den „Gemeinsam-Leben"-Aspekt – wenn man ihn so nennen will – ganz wichtig, also das miteinander Wohnen und Leben.

31

Was bedeutet es denn, in einer WG zu leben? Man stellt sich da doch immer so etwas wie eine Kommune vor, in der es keinen Privatbesitz gibt und alle alles zusammen machen.

ELKE: Bei uns ist das vielleicht schon ein Stückchen so. Wir kaufen alle Lebensmittel zusammen. Wenn man dann was essen will, geht man einfach in die Küche und kann sich bedienen. Aber natürlich hat jeder noch seinen persönlichen Bereich, sein Zimmer. Aber abends kochen wir dann oft zusammen, dann sind alle da und es ist fast wie zu Hause.

MARC: Bei uns ist das nicht ganz so eng. Wir zahlen zwar auch die Grundnahrungsmittel zusammen, den Rest kauft jeder selbst. Der Andreas kauft zum Beispiel fast nur Aldi-Zeug ein, ich leiste mir dann schon öfters mal ein paar edlere Sachen. Und auch sonst hat jeder sein eigenes Leben. Das heißt aber nicht, daß wir nicht auch mal gemütliche Abende zusammen verbringen würden.

Marc, was ist denn für dich der Unterschied gewesen, als du aus dem Wohnheim in die WG umgezogen bist?

MARC: Hmm, also das Wohnheim hat auch seine Vorteile: Es ist unschlagbar billig und man kann schnell viele Leute im Haus kennenlernen. Ich habe auf meinem Stockwerk mit einer Menge Leuten zusammengewohnt, die ich sonst bestimmt nicht kennengelernt hätte. Abgesehen davon habe ich am sozialen Leben im Aufenthaltsraum teilgenommen, wenn mir danach war. Und wenn man sich nicht ins Stockwerk integrieren will, braucht man das auch nicht. Wir hatten ein oder zwei „Stockwerksgespenster", die hat man alle zwei Monate mal zum Kühlschrank huschen sehen, mehr nicht. Der Nachteil davon war, daß es halt ein bißchen unpersönlich ist. Da kümmern die Leute sich manchmal nicht so richtig um die Allgemeinsachen, das sieht dann manchmal schon ziemlich säuisch aus.

Ist das jetzt anders?

MARC: Ja klar, jetzt ist es eben auch *meine* Wohnung, da passe ich auch selber viel mehr auf. Außerdem sind wir nur zu dritt.

Du hast vorhin „Gemeinsam-Leben" erwähnt, Elke, was meintest du damit?

ELKE: Für mich ist der Lebensabschnitt, in dem ich studiere, nicht einfach nur fachliche Ausbildung an der Uni. Ich finde es auch wichtig, daß man in dieser Zeit lernt, mit anderen Menschen zurechtzukommen, man kann ja nicht nur immer seine eigenen Ziele durchsetzen. In so einer WG ist man ständig mit seinen Mitbewohnern konfrontiert, da kann man sozial schon eine ganze

Menge lernen. Das ist doch auch das, was gemeint ist, wenn von „Teamfähigkeit" geredet wird.

Das heißt, die WG ist so was wie eine Familie für dich.

ELKE: Ja, das hat wirklich was familiäres. Aber halt auch irgendwie auf einer anderen Stufe, denn ich hab mir die Leute ja ausgesucht, und wenn's gar nicht anders geht, dann kann man ja ausziehen.

Siehst du das auch so, Marc?

MARC: Es ist ein Punkt, an den ich gar nicht so gedacht habe, und bei uns spielt das auch nicht eine ganz so große Rolle. Wir machen dann wohl doch nicht ganz so viel gemeinsam in der WG. Aber Rücksicht nehmen beim Zusammenwohnen müssen wir natürlich auch.

Aber wird das dann nicht alles viel zu eng?

ELKE: Ich mußte das am Anfang auch lernen, mir meinen persönlichen Bereich zu schaffen. Aber es ist ja kein Zwang, an den gemeinsamen Dingen teilzunehmen. Wenn es sich ergibt, ist es toll und wenn nicht, dann eben nicht. So was wechselt ja auch mit jedem Bewohner, der neu einzieht.

Gibt es denn auch Unterschiede zwischen WGs mit nur zwei Leuten und größeren WGs wie bei euch?

ELKE: Ich glaube schon. Ich kenne einige Leute, die wohnen zu zweit. Das ist dann in den meisten Fällen eher so, daß sie zwar in einer gemeinsamen Wohnung wohnen, aber jeder hat sein eigenes Leben. Außer sie sind wirklich dicke Freunde. Bei den anderen ist es eher ein bißchen zweckorientiert. So ein richtiges WG-Gefühl, daß man eine Gruppe ist, kommt erst ab drei oder vier Bewohnern auf. Was noch passieren kann: Eine Freundin von mir hat mal mit einer Frau zusammengewohnt, die ihren Ärger und Frust plötzlich immer an ihr abgeladen hat. Das war eine blöde Situation, weil man so einer Person dann allein ausgeliefert ist. Wenn man zu dritt ist, kann man eher sagen: „Hör zu, so geht das nicht." Es soll aber nicht so klingen, als ob es nur Nachteile hätte, zu zweit zu wohnen. Das kann auch sehr gut klappen.

Glaubt ihr, daß ihr in zehn Jahren noch in WGs wohnen werdet?

MARC: Ich hoffe, bis dahin habe ich mein eigenes kleines Haus mit Familie, aber fürs Studium find ich das gut, weil es so abwechslungsreich ist.

ELKE: Ich könnt mir das durchaus vorstellen.

Vielen Dank für das Gespräch.

WG-Probleme und wie man sie löst

Oh, da hat vor drei Tagen jemand für Dich angerufen

Vom Mitteilen, Weitersagen und vergessenen Zetteln

Eva hat in der Disko ihren Traumtypen getroffen, der sie prompt nach ihrer Telefonnummer fragte. Jetzt wartet sie täglich auf seinen Anruf. Jedes Klingeln des Telefons wird erwartungsvoll beantwortet, niemand ist in diesen Tagen so schnell am Hörer wie sie. Eva kann vor Aufregung nicht schlafen. Doch nichts – kein Anruf, keine Nachricht. Als sie eine Woche später Gunter in der Küche trifft, hat sie die Hoffnung fast aufgegeben. Plötzlich fällt Gunter etwas ein: „Übrigens, Eva, da hat vor fünf oder sechs Tagen ein Typ für dich angerufen. Ich soll dich grüßen. Und falls du Lust hast, kannst du zurückrufen ... er hat die Nummer hinterlassen. Hab' den Zettel heute auf meinem Tisch gefunden, 'tschuldigung.“

Ein großer Vorteil des Zusammenwohnens: Ist man gerade einmal nicht zu Hause, sorgt eine der MitbewohnerInnen dafür, daß wichtige Anrufe entgegengenommen werden. Der Anrufbeantworter ist da überflüssig. Doch die hinterlassene Nachricht muß auch ankommen.

Damit das möglichst reibungslos und effektiv klappt, folgen nun die in langen Praxisversuchen getesteten „Weitersag-Systeme":

Stich mir in die Augen, Nachricht! Egal, welches System man wählt, es sollte klar sein, wo nach Nachrichten geschaut wird, wenn man nach Hause kommt. So wie es beim Anrufbeantworter auch nur einen Knopf gibt, den man drücken muß, um die Nachrichten abzuhören, so darf es in der WG auch nur einen Platz geben, an dem man die Mitteilungen findet. Ist dort keine Nachricht, gibt's auch keine.

Bei Anruf: Buch Es liegt ein Buch beim Telefon, am besten mit darangeknotetem Stift, in das alle Botschaften, die AnruferInnen hinterlassen haben, geschrieben werden. Ruft also Johannas Freundin Karla an, dann schreibt Gunter, der den Anruf entgegennimmt, auf: „Johanna: Karla hat die Kinokarten besorgt, bis heute abend" oder so ähnlich. Wenn Johanna dann nach Hause kommt, schaut sie im Anruf-Buch nach und findet Karlas Nachricht.

VORTEILE

1. Es gibt immer eine Notizmöglichkeit am Telefon.
2. Keine chaotische Zettelwirtschaft.
3. Es ist klar, wo die Nachrichten stehen, und sie können nicht übersehen werden.
4. Das Buch als Geschichtsschreibung der WG: Wer hat wann für wen weshalb angerufen („Weißt du noch, Johanna, letztes Jahr hatten wir immer diesen penetranten Verehrer von dir an der Strippe...").

NACHTEILE

1. Man braucht dazu ein Notizbuch, das man kaufen/basteln/ sonstwie organisieren muß.
2. Manche Gäste der WG verwechseln es mit einem Gästebuch.
3. Jeder Mitbewohner muß alle Einträge durchlesen, was lästig sein kann (oder auch spannend!).
4. Auch der Freund oder die Freundin kann einen tieferen Blick in die jüngere Vergangenheit werfen, als einem lieb ist.

Pins an der Wand Über dem Telefon hängt eine Pinnwand mit je einem abgeteilten Bereich pro BewohnerIn. Wenn also Karla für Johanna anruft, schreibt Gunter einen Zettel, den er dann an Johannas Teil der Pinnwand nadelt. Johanna kommt nach Hause und schaut erstmal, was für sie an der Pinnwand hängt. Wenn sie will, kann sie sich den Zettel als Gedächtnisstütze auf den Schreibtisch legen oder in die Tasche stecken.

VORTEILE

1. Zettel kann man überall schreiben; es ist also kein Problem, wenn z.B. das Telefon gerade in Gunters Zimmer steht.
2. WG-interne Mitteilungen können so ebenfalls zuverlässig zum

Adressaten kommen, z.B. der Zettel mit dem Telefonkostenanteil oder der gewünschte Artikel aus der *Zeit*.

3. Zettel mit Nachrichten können als Merkzettel mitgenommen werden.

NACHTEILE

1. Die Pins sind verschwunden, weil damit das neue Flurposter aufgehängt wurde.

2. Es hängen so viele alte Zettel an der Pinnwand, daß neue übersehen werden.

Die freie Zettelwirtschaft Die geschriebenen Mitteilungszettel werden abwechselnd auf den Schreibtisch der Mitbewohnerin gelegt, an die Zimmertür geklebt oder neben dem Telefon fallengelassen. Kurz gesagt: Mitteilungen finden sich an verschiedenen Stellen, das Fehlen jedes Systems ist das einzige System dieses Mitteilungssystems.

Vorteile
Keine.
Nachteile
Alle.

Der Informationsgehalt von Mitteilungen Die aufgeschriebenen Nachrichten sollten so beschaffen sein, daß Johanna als Adressatin etwas damit anfangen kann, ohne ihren Mitbewohner Gunter nochmal mit Fragen belästigen zu müssen. Zettel wie „Hi Hannchen! Da hat jemand angerufen, den du zurückrufen sollst. Leider hat er mir seinen Namen nicht verraten. Gruß G." sorgen zwar für gewisse Erheiterung beim Empfänger, taugen aber nicht viel. Deshalb hier eine ebenso banale wie regelmäßig mißachtete „Checkliste" für das Aufschreiben von Nachrichten:

1. Wer hat angerufen? Name!
2. Was wollte sie/er? (Sollte man eventuell am Telefon erfragen.)
3. Wann war das? Uhrzeit, Datum.

Überflüssig sind Formulierungen wie: Karla „hat angerufen" – natürlich hat sie angerufen, sonst wäre es ja keine Telefon-Nachricht.

Meine Zimmersuche

von Rodolf Steinermann

Als ich gestern gut gelaunt zum Briefkasten ging, ahnte ich noch nicht, wie folgenschwer dieser Gang sein würde. Neben dem üblichen Werbemüll fiel mir ein unscheinbarer Brief des Studentenwerkes entgegen: „Wir müssen Ihnen mitteilen, daß wir Ihren Mietvertrag nicht mehr verlängern können... ." Keine große Überraschung, nachdem meine Wohnzeit schon seit sechs Monaten abgelaufen ist. Also wieder Wohnungssuche. Der Anfang des Großstadtabenteuers ist reine Routine: Anzeige aufgeben und den Schlachtplan festlegen: Der nächste Samstag ist Stichtag.

Müde quäle ich mich also morgens zum Kiosk um die Ecke und kaufe die aktuelle Zeitung. Dann sofort wieder nach Hause stürmen und hinters Telefon klemmen. Ein paar Termine sind schnell ausgemacht.

Ich klingele an der Tür der ersten Wohnung, und sofort macht mir ein ca. sechzigjähriger Herr auf. Wie der zukünftige Mitbewohner sieht er nicht aus. Er klärt mich auch gleich auf, daß ihm das Haus gehöre, er im ersten Stock wohne und ich jederzeit kommen könne, wenn mich etwas stören würde. Ich frage mich, ob nicht eher er jederzeit bei mir hereinschauen wird, um mir mitzuteilen, daß jetzt Mittagszeit ist.

Der nächste Stop ist eine kleinere Wohnung, Zweier-WG, mit Heinz-Georg. Heinz-Georg scheint ein netter Kerl zu sein, aber von seinem Schäferhund hat er am Telefon bestimmt nichts gesagt. Es geht noch weiter: bisher habe jeder sein eigenes Zimmer gehabt, aber „das ist doch viel zu ungemütlich". Darum also seine Idee, in einem Zimmer zu wohnen und im anderen zu schlafen. Als ich vorsichtig zu bedenken gebe, daß ich nicht sicher sei, ob und wie so etwas klappen könne, kommt ein völlig überraschtes: „Wieso, hast Du etwa so viel Damenbesuch?" So viel zu dieser Wohnung.

Die darauffolgende WG: zwei bleichgesichtige Physiker, die an ihren Diplomarbeiten in theoretischer Physik sitzen. So was beschränkt sich selbstverständlich nicht auf acht Stunden täglich, sondern vereinnahmt auch Abende und Wochenenden. „Wir kochen aber auch einmal im Monat zusammen." Mir bleibt nur die Flucht nach vorne.

Auf dem Weg zur nächsten Besichtigung begegnet mir ein alter Freund. Wir stellen fest, daß wir zur Zeit Konkurrenten im Wohnungsgeschäft sind. Als ich ihm erzähle, wo ich gerade hin will, schüttet er sich aus vor Lachen und meint, ich solle das mal lassen, die Vermieterin kenne er, er war da auch schon mal; das sei eine nette alte Dame, die immer Zimmer anbiete, dann aber letztendlich nie vermiete. Sie habe wohl ihre Freude daran, immer von so vielen netten, jungen Menschen besucht zu werden, denen sie dann einen Kaffee anbieten könne.

Der letzte Vermieter dieses Tages hat ganz eigene Qualitäten. Er bedeutet mir, daß ich ihm folgen solle, um mir das Zimmer zu zeigen. Wir gehen in einen muffigen Keller. Während er noch von der Einrichtung schwärmt, öffnet er die Tür zum Zimmer und weckt den Vormieter, der uns mit leerem Blick anstarrt.

Ich bin verzweifelt, niemand will so leben wie ich: Eine WG mit drei bis fünf Bewohnern, natürlich gemischt; eine WG, in der jeder sein eigenes Leben hat, die aber da ist, wenn man sie braucht; ab und zu kochen, aber kein Gemeinschaftszwang; mit den anderen reden können, aber nicht zugetextet werden; ein Balkon muß es ja nicht sein, aber eine gemütliche Küche wäre schon ganz nett. Doch in diesen WGs ist immer dann, wenn man es braucht, kein Zimmer frei.

Und dann ist da noch diese Anzeige mit dem Zimmer, daß eigentlich zu teuer ist. Eigentlich wollte ich gar nicht hingehen, aber ich kenne diese kleine bohrende Stimme im Ohr, die dann permanent flüstern wird, daß es genau diese WG gewesen wäre.

Also gebe ich mir einen Stoß und rufe an. Ja, das Zimmer sei noch frei, ob ich heute abend vorbeikommen könne, da sei der „Vorstellungsabend". Der Rest ist kurz erzählt, die

WG war genau mein Fall, die beiden Frauen in der WG waren von meiner John-Lennon-Brille hingerissen, und ich habe das Zimmer genommen, obwohl es mir eigentlich zu teuer war.

Wir müssen da mal die Basis befragen

Von der internen Entscheidungsfindung, langen Abenden und der Demokratie mit Vetorecht

Langsam werden die Eisblumen am Küchenfenster größer und bizarrer. Eine dünne, aber penetrante Schneedecke hat die Stadt nun schon seit Tagen im Griff. In der WG wärmt die Heizung nur lau. Pauls Kaktusplantage steht kurz vor dem Kältetod, Johanna sitzt mit Fausthandschuhen am PC und flucht über Tippfehler. Der CD-Player von Björn hat schon lange kapituliert. Der Vermieter weigert sich allerdings beharrlich, etwas zu unternehmen. Dutzende von Anrufen, sogar Briefen haben es nicht geschafft, ihn aus seinem Winterschlaf zu wecken.

Die WG hat sich mit Wärmflaschen bewaffnet zur Krisensitzung eingefunden. Thema: das weitere Vorgehen in Sachen Heizungswärme und Vermieterkälte. Alle sind sich lediglich einig, daß etwas mit der Heizung passieren muß. Wie man nun mit der Bockigkeit des Vermieters umgeht, darüber gehen die Meinungen weit auseinander. Die Hardliner in der WG wollen sich mit dem Vermieter anlegen, weniger Miete überweisen, böse Briefe schreiben, ihn so zum Handeln zwingen. Das Wort vom Telefonterror macht die Runde. Die Softie-Fraktion scheut eine Auseinandersetzung, fürchtet Nachteile durch solch aggressive Konfrontation. Die diplomatischen Integrationstypen setzen auf einen kritischen Dialog. Die hitzige und leidenschaftliche Diskussion hat inzwischen die Eisblumen am Küchenfenster weggetaut – doch einig ist man sich auch weit nach Mitternacht noch nicht. Jetzt muß eine Entscheidung her, denn die Kälte nagt an der WG-Moral.

Das Demokratie-Experiment Basisdemokratie wird oft propagiert und noch öfter versucht, ist aber selten existent. In der WG findet sie statt – ob man will oder nicht. Es gibt keinen Haushaltsvorstand, keine Hierarchie. Die BewohnerInnen treffen gemeinsam die Entscheidungen, die auch alle betreffen. Ob es nun um neue MitbewohnerInnen geht, um Putzpläne, WG-Feten, Strategien in der Auseinandersetzung mit der bzw. dem VermieterIn oder auch um die Farbe des Spülschwamms.

Wenn man sich einig ist, gibt es kein Problem. Doch was tun, wenn eine Entscheidung bei unterschiedlichen, vielleicht konträren Meinungen gefunden werden muß?

In jedem Detail steckt ein Kompromiß – die Konsensentscheidung Eine Konsensentscheidung kommt durch die Zustimmung *aller* zustande. Sie ist die sinnvollste aller Entscheidungen, da sich dann auch wirklich alle darin wiederfinden können und sich niemand übergangen fühlt. Der Weg dahin ist oft ein schwieriger Prozeß. Eine Konsensentscheidung bedeutet immer auch einen Kompromiß, den man erst einmal entwickeln muß. Das setzt Kommunikationsfähigkeit voraus und die Bereitschaft, von eigenen Positionen abzurücken, allerdings ohne sie ganz aufzugeben. Konsensentscheidungen gelten als Ideal. Doch wenn das nicht klappt, bleibt nur die Mehrheitsentscheidung.

Bei Uneinigkeit über die Einigung – die Mehrheitsentscheidung Die Entscheidung wird von der Mehrheit der WG-Mitglieder getroffen. Das kann für die Unterlegenen – die Minderheit – unangenehm sein, ist aber manchmal der einzige Weg, eine lange Diskussion zu beenden und eine Lösung zu finden. Lieber eine Mehrheitsentscheidung als gar keine Entscheidung.

Neulich nachts in der WG

von Sebastian Döringer

Die Nacht war schwül. Ich hatte mich schon hundert Mal im Bett gewälzt, bis ich einschlafen konnte, und bin mir sicher, daß das Wälzen auch während des Schlafes nicht aufhörte. Natürlich war Vollmond und der dicke Käse da oben am gar nicht so dunklen Nachthimmel bescherte mir ziemlich miese Träume. Ich lag auf einer Art Altar und sollte zufällig vorbeifliegenden bösen Geistern geopfert werden. Um mich herum fanden verrückte Tänze statt (psychologisch ganz klar die Verarbeitung der langweiligen Fete vom Vorabend) und plötzlich teilten sich über mir die Wolken, ein spitzer Schrei fuhr mir in die Knochen und ein riesiges dunkles Etwas stürzte sich auf mich und riß das Maul aaaahhhh … ich schreckte hoch, riß die Augen auf, blickte auf mein schräges Dachfenster und sah, wie sich ein riesiges dunkles Etwas mit einem spitzen Schrei auf mich stürzte … und mir über das Gesicht leckte. Moritz. Verdammter Kater!

Moritz guckte mich frech an und schien auch noch stolz darauf zu sein, daß er sich über Schreibtisch und geöffnetes Fenster aus dem Zimmer meiner Mitbewohnerin Katja und über das Dach schließlich in mein Zimmer geschlichen hatte. Moritz war der neueste Mitbewohner unserer WG und ganz demokratisch hatte Katja davon abgesehen, uns zu fragen, bevor sie das Tier aus dem Heim geholt hatte. Wieso? Nun, meinte sie, dann hätten wir sicher „Nein" gesagt. Stimmt, dachte ich mir in meinem Bett und wischte mir den Schweiß von der Stirn. Der Kater knurrte zufrieden. Der Mond verzog sich aus meinem Gesichtsfeld. Die Hitze hatte nachgelassen. Ich drehte Moritz den Hals um und schlief friedlich ein.

Da lege ich mein Veto ein! Doch wo bleibt bei der Mehrheitsentscheidung der Minderheitenschutz? Dafür gibt es das Vetorecht. Mit dem Satz „Damit kann ich nicht leben!" signalisiert die Minderheit, daß sie die Entscheidung absolut nicht akzeptieren kann. Sie setzt sich aber gleichzeitig selbst unter Zugzwang, um doch noch eine Konsenslösung zu finden. Denn nun sind die VetoeinlegerInnen an der Reihe, Kompromißvorschläge zu entwickeln. Wer allerdings sein Veto einlegt, ohne neue Kompromisse anzubieten, läuft Gefahr, in die destruktive Ecke gestellt zu werden. Wer also mit dem Nachmietervorschlag der Mehrheit nicht einverstanden ist, alle anderen BewerberInnen aber auch völlig untragbar findet, sollte sich zumindest um weitere Kandidaten bemühen.

Mehrheit ist nicht gleich Mehrheit Was aber gilt bei einer Mehrheitsentscheidung als Mehrheit? Einfache Mehrheit oder Zweidrittel-Mehrheit oder sonst eine Mehrheit? Sprüche von Politiktheoretikern wie „Mehrheit ist Mehrheit, solange Mehrheit Mehrheit ist" helfen uns nicht weiter. Die WG muß das selbst herausfinden. Bei einer 3er-WG gibt es nur Zweidrittel-Mehrheiten. Bei geraden BewohnerInnenzahlen gibt es Patts. Die Spielregeln müssen also festgelegt werden, bevor sich die WG um die eigentliche Entscheidung kümmert. Dafür ist dann wohl eine Konsensentscheidung angesagt – siehe oben. So wird das WG-Leben zum demokratischen Selbsterfahrungsworkshop.

Die beste WG ist diejenige, die sich über solche Fragen keine Gedanken zu machen braucht und deshalb auch keine Detail-Regeln hat. Trotz unterschiedlicher Ansichten schafft sie es immer, per Konsens ihre Entscheidungen zu treffen, da alle eine ausreichende Portion Kompromißfähigkeit besitzen. Kampfabstimmungen sind dann überflüssig.

Regelmäßige WG-Versammlungen oder spontane Krisensitzung? Die Vielfalt der Typen innerhalb der WG bedeutet auch Vielfalt im Tagesablauf. Selten sind mal alle daheim, um sich spontan zu einem WG-Meeting zusammenzuhocken. Je kleiner die WG, desto wahrscheinlicher treffen sich alle mal in der Küche, auf dem Balkon oder im Flur, um zu besprechen, was gerade anliegt. Werden die Probleme größer, kann schnell eine spontane Krisensitzung einberufen werden. Ist die WG aber so groß, daß es fast unmöglich wird, innerhalb weniger Tage einen gemeinsamen Termin zu finden, bietet sich die „institutionalisierte", also regelmäßige WG-Sitzung als Notwendigkeit an.

In Problemen verzettelt Wenn Eva Johanna einen Zettel schreiben muß, um ihr mitzuteilen, daß sie doch gefälligst den Küchentisch abwischen soll, nachdem sie ihn bekrümelt hat, kann das zwei Gründe haben:

1. Eva und Johanna sehen sich nie, da sie beide viel unterwegs sind – dann ist die WG-Sitzung eine gute Gelegenheit, um auszusprechen, was einen stört.

2. Eva und Johanna haben grundsätzlich andere Sauberkeitsansprüche – aber auch dann ist ein Gespräch persönlicher als ein weißer Papierlappen.

So wenig der Zettel taugt, um seinen Ärger und die Ursache dafür loszuwerden, so praktisch ist er natürlich zur Mitteilung von Informationen.

Ach, kochst du gerade?

Von hungrigen Nachbarn, vorausgesetztem Einverständnis und dem gemeinen Schmarotzer

Eines ist klar: So groß der eigene Vorrat an Lebensmitteln auch ist, er ist nie groß genug. Hier ist das Zusammenwohnen in der WG von Vorteil. Denn je mehr Leute eine bestimmte Menge an Vorräten lagern, desto größer ist die Wahrscheinlichkeit, daß irgendein für das Rezept gerade irrsinnig wichtiges Gewürz dabei ist oder der überraschend romantische Abend mit einer Flasche Rotwein noch romantischer wird. Wer hier ungefragt beim Mitbewohner zugreift, kann meist mit dessen Einverständnis rechnen.

Ausgleichende Gerechtigkeit Solange dieser Zugriff auf die Lebensmittel der Mitbewohner die Rettung in der Not darstellt, ist der WG-Frieden nicht in Gefahr. Voraussetzung ist dabei, daß man am nächsten Morgen nicht nur den neuen Freund bzw. die Freundin vorstellt, sondern auch die Quelle des Alkohols gesteht und Ersatz besorgt. Beim Oregano für die Pizza gilt das Prinzip der ausgleichenden Gerechtigkeit: Jeder braucht einmal etwas, Kleinkrämerei kann man sich da sparen.

Ich nehme, was mir fehlt Das System des Ausborgens funktioniert natürlich nur solange, wie das Ausborgen nicht zum

44

Sonntagmorgen im Studentenwohnheim

von Jessica Sänger

Letzten Sonntag sitze ich am Frühstückstisch und will gerade die Zeitung aufschlagen, da kommt mein persischer Mitbewohner mit seinem Freund in die Küche und sie fangen an, sich im Spülbecken die Füße zu waschen. Auf meine Nachfrage erfahre ich, daß mal wieder das Wasser im Badezimmer abgestellt wurde. Warum ausgerechnet am Wochenende, wußte natürlich niemand. Aber schließlich ist gerade Ramadan und Religion kennt keine Rücksichtnahme. Als dann noch mein italienischer Mitbewohner Giovanni aus dem Bad brüllt, warum denn die Klospülung nicht funktioniere, ist mir der Appetit vergangen. Durch die laute Schimpftirade aus Richtung Bad ist auch Dave aus Chicago aufgewacht, und ich suche das Weite, bevor dieser gewichtig in der Küche erscheint, um seine morgendlichen Ham und Eggs zu zelebrieren.

Wir sind eine bunt zusammengewürfelte 5-er-Zweck-WG, die das Studentenwerk für ausländische Studierende eingerichtet hat, die meist nur ein Semester bleiben. Als Norddeutsche im Schwabenländle scheine ich unter die gleiche Kategorie zu fallen, wer weiß. Einen Schwaben haben wir allerdings auch. Er ist aus seiner alten WG rausgeschmissen und zu uns „versetzt" worden. Sein Markenzeichen: laut und chronisch beleidigt. Gerade gestern hatte er wieder einen Anfall, bei dem er sich in meiner Abwesenheit alle Verehrungsgeschenke, die er mir im Laufe der Zeit gemacht hatte, aus meinem Zimmer holte. Es wird mich wohl den Vormittag kosten, sie ihm wieder zu entlocken.

Inzwischen haben alle gefrühstückt, bis auf meinen beleidigten Schwaben, denn der schläft noch. Diese Zeit nutze ich, um den Müll zu sortieren. Wir sind nämlich von der Stadt zu einem Versuchswohnheim für Müllrecycling-Systeme auserkoren worden. Zur Zeit haben wir 11 (in Worten:

elf) Mülleimer. In der Küche stehen sechs und im Keller noch mal fünf. Da heißt es Joghurtbecher nach PP, PE und PS zu sortieren. Richtig kompliziert wird es aber erst bei Teebeuteln. Was nach Realsatire klingt, ist die nackte Wahrheit: Es soll die Metallklammer entfernt werden und zum Alu wandern, der Teebeutel selbst auf den Kompost, das mit der Teesorte bedruckte Schildchen ins Altpapier und der Verbindungsfaden in die Textilkiste im Keller. Über die Monate bin ich zur Müllexpertin geworden, da ich immer zu Semesteranfang meinen jeweils neuen Austauschstudenten in stundenlangen Sessions unser Müllsystem erklären muß. Oft scheint mir aber, daß es gar nicht funktionieren kann. Daher haben wir es also im Grunde meinen Mitbewohnern zu verdanken, daß wir bundesweit noch nicht über den Gelben Sack herausgekommen sind.

Während ich noch das verschimmelte Brot und die Wurstpelle aus dem Komposteimer klaube, baut sich Dave mit einem dicken Stapel von Anträgen und Formblättern vor mir auf und bittet mich um Übersetzung. Er will in zwei Monaten in Deutschland heiraten und kommt mit den Formalitäten und dem Beamtendeutsch nicht zurecht. Ich auch nicht. Nach drei Stunden harter Arbeit haben wir endlich alles verstanden und ausgefüllt, und ich schwöre mir, niemals zu heiraten.

Mittlerweile funktioniert auch unser Wasser wieder, und Giovanni kommt mit einem süffisanten Lächeln aus dem Bad. Das Klopapier sei alle (wie fast immer am Sonntag), was im Grunde meine Schuld sei, da ich ja als einzige Frau in der WG einen höheren Klopapierverbrauch hätte und somit auch öfter selbiges kaufen müsse. – Du alter Macho! – Wenn ich aber seinen deutschen Aufsatz korrigieren würde, könne er davon absehen, eine WG-Besprechung einzuberufen – Du Schlitzohr! – .

Zur Rettung meines freien Abends lasse ich mich also zum Korrigieren breitschlagen und vertiefe mich in seinen intellektuellen Erguß zum Thema: „Mein Studienaufenthalt in Deutschland", während er zum Tennis fährt (der Platz sei schließlich gemietet).

Es ist schon später Nachmittag, als ich endlich meine

Miracoli kochen kann. Zur Versöhnung erlaube ich meinem beleidigten Schwaben mitzuesssen. Wie immer hat er mir schnell verziehen, so daß ihm noch genügend Zeit bleibt, sich über alle traumatischen Erlebnisse seiner Kindheit und seine Probleme mit Frauen (kann ich verstehen) auszubreiten. Nachdem mir nun auch sämtliche Gründe für sein Versagen im Studium bekannt sind, (kein Wunder, wenn man seine Scheine zerreißt) habe ich nur noch das Bedürfnis, mich so schnell wie möglich für den Abend zu verabreden und abzuhauen. Doch schon das Verabreden ist zum Scheitern verurteilt, denn das Telefon ist verschwunden! Nach langem Hin und Her stellt sich heraus, daß der Schwabe das Telefon aus der Wand gerissen hat, weil ihn die dauernden Anrufe stören (er bekommt nie einen). Deshalb habe er es jetzt in seinem Zimmer eingeschlossen! Mit Engelszungen reden wir auf ihn ein, und gegen ein gemeinsames WG-Essen heute Abend bekommen wir das Telefon schließlich wieder ausgehändigt, obgleich sich damit sein dringender Gebrauch für heute erledigt hat.

Warum kann ich eigentlich nicht den ruhigen Stuttgarter in der WG unter mir zum Mitbewohner haben? Der fährt jedes Wochenende nach Hause und bringt dann montags von „dahoim" fünf Tupperdosen mit vorgekochtem Essen für die Woche mit; außerdem kommt alle drei Wochen, wenn sein Name auf dem Putzplan steht, die Mutter zum Wohnungputzen.

Doch das WG-Essen am Abend, als dessen Höhepunkt uns der Schwabe im „Schiesser"-Feinripp-Unterhemd Tschaikowskijs „Schwanensee" vortanzt, versöhnt mich wieder. So liege ich spät abends im Bett und überlege unter „Metallica"-Beschallung und deutlichem Stöhnen aus dem Nachbarzimmer, was mir mein multi-kulti WG-Leben wohl morgen bringen wird. Auf jeden Fall eine Inspektion durch den Mülltutor und vielleicht endlich das Coming Out unseres Persers!

System wird. Wenn MitbewohnerInnen die Vorräte der anderen als die eigenen betrachten, ist der Ärger programmiert. Diese Art der Selbstbedienung ist zudem besonders unfair, weil sie – und sei es auch nur unbewußt – darauf baut, daß es dem unfreiwilligen Versorger unangenehm ist, etwas zu sagen, weil er oder sie nicht als Spießer und asozialer Mitbewohner dastehen möchte. Dies umso mehr, da es sich regelmäßig um Kleinigkeiten handelt, die allein die Aufregung nicht lohnen. Doch ein Vorrat läßt sich auch in kleinen Stücken ab- und damit viel Ärger aufbauen. Der wird sich irgendwann entladen, vermutlich an einer Nichtigkeit.

Sag mal, hast du das Dings gesehen?

Von verschwundenen Sachen, aufgetauchten Schätzen und der Eigentumsfrage

Ein Wesensmerkmal der Wohngemeinschaft ist, daß Dinge gemeinsam benutzt werden. Zum Beispiel Geschirr, Küchengeräte, aber auch Werkzeug, Bücher aus der Hausbibliothek im Flur, Handtücher oder Zahnpasta, wenn die eigene fehlt, usw. Wenn eine neue Bewohnerin einzieht, bringt sie ihr potentiell gemeinsam nutzbares Eigentum „in den Haushalt ein". Zieht sie nun irgendwann wieder aus, will sie ihr Zeugs natürlich wieder mitnehmen. Doch wo zum Teufel steckt der Kram?

Johanna will ausziehen. Drei Jahre hat sie in der WG gewohnt und jetzt die Nase voll. Nicht vom WG-Leben, aber von Gunter. Und außerdem hat sie ein Zimmer in einer WG gefunden, das größer ist, aber trotzdem nicht mehr kostet. So sucht sie ihr Geschirr und sonstige damals in die WG mitgebrachten Gegenstände in der Küche zusammen. War dieser Teller von ihr? Was ist mit dem Besteck, das sieht alles so gleich aus? Björn behauptet dann, aus der zum Einpacken bereitstehenden Kaffeetasse schon vor Johannas Einzug getrunken zu haben und nennt sie außerdem seine Lieblingstasse.

Diese Trennung der Güter läßt sich nur erleichtern, wenn man frühzeitig Maßnahmen ergreift.

Die Liste Listen helfen aus der Klemme – sofern sie angefertigt wurden. Immer dann, wenn etwas dem Kollektiv zur Verfügung gestellt wird, kommt es auf die Liste. Dort stehen dann die Salatschüssel, die fünf Gabeln und drei Messer, die vier Kaffeetassen, die Schneemannlichterkette usw. So kann beim Auszug das Eigentum wieder zielgenau und schnell zusammengestellt werden, ohne daß Streitigkeiten entstehen.

Die Gravur Eine andere Möglichkeit, aber meist unpraktikabel: Namen auf die Dinge, die gemeinsam benutzt werden. Aufkleber überleben allerdings die dritte Geschirrspülung nicht, und Helden auf dem Gebiet der Gravur sind auch eher rar gesät – abgesehen von den ästhetischen Eingriffen, die sich durch solcherlei Kennzeichnung ergeben.

Die Sache mit der Lieblingstasse Die am meisten geliebten Gegenstände sollten lieber gleich im eigenen Zimmer aufbewahrt werden. Denn eine Tasse ist doch mal schnell zu Boden gegangen. Benutzt keiner der Mitbewohner das gute Stück, kann niemand anderes für die Zerstörung der Tasse verantwortlich gemacht werden, die der erste Freund zum Geburtstag schenkte. Die Kehrseite: Man hat dann möglicherweise weniger zu erzählen. Denn Geschichten von in der WG verschollenen Gegenständen haben ein gerngehörtes Tragikpotential.

Seltsame Bettgenossen Die gemeinsame Benutzung von fremden Gegenständen, wie z.B. Computer, Drucker, Bohrmaschine, Zimmer bei Abwesenheit, sollte grundsätzlich abgesprochen werden.

Gudrun war zwei Wochen im Urlaub. Völlig übermüdet erreicht sie an einem frühen Dienstag morgen nach einer schlaflosen Nacht im überfüllten Zug die WG. Sie läßt ihren Rucksack auf den Boden fallen und sich ins eigene Bett. Doch da liegt schon jemand! Ein fremder Mann! Was sonst spannend wäre, nervt sie jetzt sehr, kann sie sich doch nicht daran erinnern, daß sie ihr Zimmer untervermietet hat. Der fremde Bettgenosse stellt sich nach längerem Wachrütteln als ein Freund von Paul vor. Er sei gerade zu Besuch und von Gudruns Mitbewohner in ihr Zimmer gesteckt worden. Und irgendwie ist er doch ganz sympathisch und anziehend...

Klar, grundsätzlich hätte Gudrun gar nichts dagegen, daß der Besuch von Paul in ihrem Bett schläft. Aber so vor vollendete Tatsachen gestellt zu werden, paßt ihr nicht. Solche Fälle muß man absprechen, dann ergibt sich meistens auch kein Problem.

So ähnlich ist es auch mit anderen Dingen. Pauschale Benutzungserlaubnisse müssen vereinbart werden – oder man kennt sich inzwischen so gut, daß die Empfindlichkeiten der anderen bekannt sind. Der abgestürzte Computer schockiert etwas weniger, wenn man vorher wußte, daß der Mitbewohner diesen benutzen würde. So wird das Zusammenwohnen bereichert um die vielen Dinge, die dann – mit entsprechender Sorgfalt – gemeinsam benutzt werden können.

Du hättest ja mal was sagen können ...

Vom Drüberreden, Nicht-Drüberreden und Drüberzerstreiten

Björn setzt sich an den Küchentisch. Die Krümel sind nicht von ihm. Und warum sollte er sie wegwischen? Macht er doch sowieso als einziger, denkt er, und krümelt zeitungsraschelnd bei seinem Abendsnack vor sich hin.

Eva betritt die Küche. Der Tisch ist leer – bis auf Krümel, Marmeladenschmiere und eine leere Milchtüte. "Das geht mich heute nichts an, wo ich sonst doch immer die einzige bin, die hier mal außerputzplanmäßig aufräumt", denkt sie, und fügt dem Stilleben weitere Krümel, Geschirr und noch ein umgekipptes Glas Milch hinzu.

Nachts geht Gunter genauso vor. Die verschüttete Milch ist nicht von ihm, die leere Fischdose schon – es bleibt so oder so alles liegen. Denn er erinnert sich noch an seine Aufräumaktion vom Vortag, als er sich mal wieder als einziger – so denkt er – um die WG-Sauberkeit kümmerte.

Beim Frühstücken am nächsten Morgen denkt auch Johanna nicht daran, die Eigendynamik des Tischchaos zu stören. Im Gegenteil: Rühreischüssel und -teller bleiben, wo sie benutzt wurden.

Die Putzuhr zeigt auf Gudrun. Doch die fühlt sich nach zwei Tagen Abwesenheit zwar für Bad und Flur zuständig bei ihrer Putzaktion, nicht aber für die chaotische Küche, zu deren prächtigem Zustand sie keinen Beitrag geleistet hat. So bleibt alles, wie es ist.

Die Tage gehen, das Küchen-Chaos bleibt. Wirklich? Nein, es bleibt nicht, es wächst. Müll türmt sich auf, im Kühlschrank stinkt die vergammelte Wurst, das Brot hat sich in ein grünes pelziges Etwas verwandelt. Geschirr wird nicht gespült. Kakerlaken tauchen auf. Fäulnisgestank wabert aus der Küche.

Ein kalter Krieg ist ausgebrochen. Niemand fühlt sich verantwortlich, jeder wartet stumm und voller Wut darauf, daß die anderen ihre Versäumnisse einsehen und endlich anfangen, ihren Dreck zu beseitigen.

Eines Abends kommt es zum Showdown. Johanna rutscht auf dem Seifenstück in der

Die Zahnbürste

von Eulof Kunstmann

An meinem letzten Putztag packte mich die blanke Wut. Auf unserer Ablage im Bad fanden sich exakt 17 Zahnbürsten, davon waren drei in makellosem Zustand, neun konnten nur noch als eklig bezeichnet werden, während die restlichen die Bandbreite dazwischen ausfüllten. Da wir nur zu fünft in der WG wohnten, konnte irgend etwas nicht stimmen. Nun hatte ich keine große Lust, mit den alten Borstenteilen wie ein schlechter Vertreter von Tür zu Tür zu eilen, sie meinen Mitbewohnern fragend unter die Nase zu halten, nur um schließlich frustriert feststellen zu müssen, daß sowieso keiner von denen einen Überblick hat über seine putztechnischen Altlasten. Ich stellte mir die ernste Frage, ob ich meine alte Bürste wiedererkennen würde, beantwortete sie mit einem entschiedenen „Nein", packte die neun widerlichsten Exemplare und übergab sie dem Mülleimer. Das Bad war sauber, ich zufrieden.

Der Zustand hielt bis zum nächsten Morgen. Dann wurde ich durch wütendes Hämmern an meine Tür geweckt. Draußen stand Markus, mein die freie Ordnung der Dinge verehrender Nachbar, und fletschte die Zähne. Er wolle sich eben diese putzen, seine Zahnbürste sei aber nicht da, und wenn es stimme, daß ich sie weggeworfen hätte, sei der Teufel los. Ein gemeinsamer Blick in den Mülleimer und der Teufel war los. Markus gab mir eine komprimierte Lektion seiner persönlichen Auffassung von Privateigentum und Selbstverantwortung und forderte mich auf, für die Rückkehr seiner Bürste in das Bad zu sorgen, in einem hygienischen Zustand selbstverständlich. Was sollte ich tun. Ich griff in den Müll, setzte Wasser auf und kochte die Bürste eine gute halbe Stunde aus. Dann übergab ich sie Markus. Der lächelte zufrieden, begutachtete die Borsten, gab mir recht, daß sie nicht mehr so doll seien und schmiß das Teil in den Mülleimer. Er hätte sich eine neue gekauft, doch das ändere nichts an der Sache. Prinzip sei immer noch Prinzip, und so ginge es ja nicht.

Küche aus. In Gunters Zimmer geben sich die Kakerlaken ein Stelldichein. Die aus ihrem
Zimmer eilende Eva rammt sich eine Reißzwecke in den Fuß, Paul schneidet sich an den
Glasscherben der vor Tagen abgestürzten Kaffeekanne die Füße auf. Gudrun rutscht in der
Salatöllache aus und stürzt auf den Müllberg. Plötzlich murmelt jemand leise: „Ich glaub',
wir müssen da mal drüber reden ...".

Völlig unvermeidlich taucht beim Zusammenwohnen trotz aller Freundschaft und
Freude auch Frust auf. Immer sind die anderen schuld, wenn das Bad schmierig ist.
Immer ist man selbst die Beste, die alles gleich wieder aufräumt, den Mülleimer runter-
bringt oder immer ganz leise ist. Man selbst ist der perfekte fehlerlose WG-Mensch, die
Fehler machen immer die anderen.

Diese Einstellung ist keine gute Grundlage für klärende Gespräche und führt nur zu
gegenseitigen Anschuldigungen. Will man weiter nach oben auf der Kommunikations-
leiter, muß man auch mal eigene Fehler und Schwächen eingestehen können.

Häufig sind es Kleinigkeiten, die dem anderen nicht als Problem bewußt sind. Es sei
denn, es handelt sich um eine WG von Hellsehern und Wahrsagerinnen. Wenn aber eine
unausgesprochene Kleinigkeit zu einer anderen unausgesprochenen Kleinigkeit kommt,
findet Selbstbefruchtung statt und eine Explosion der Frustrations- und Wutgefühle ist
zu befürchten.

Viele Mißverständnisse und Mißstände lassen sich durch ein Gespräch verblüffend
schnell klären, wenn sich noch nicht zu viele Kleinigkeiten angesammelt haben. Das ist
nicht immer einfach, zugegeben. Am besten, man redet mal darüber.

Hey, wir machen da 'ne Party

Von genervten Nachbarn, spontanen Gästen und dem Tag danach

Die WG lädt zum Tanz. Paul hatte gerade Geburtstag, Eva hat ihre Prüfung bestanden, und
außerdem ist es sowieso mal wieder an der Zeit, eine große WG-Fete zu veranstalten. Die
Gäste strömen dann auch entsprechend, die Laune steigt und die Musik war noch nie so
gut zum Abtanzen wie heute. Plötzlich steht Nachbar Meier vor der Tür, umrahmt von zwei
Herren in Grün. Mit hochrotem Kopf plustert er sich auf und äußert deutlich sein Mißfallen
über Musik und Lautstärke. Alle Beschwichtigungsversuche gehen daneben. Niemand
schafft es, Herrn Meier zu beruhigen. Die Polizisten verweisen auf das Gesetz und verlan-
gen, daß die Musik leise gestellt und die Nachtruhe geachtet wird. Mit deutlichen Drohge-
bärden zieht der Nachbar ab. Kaum beeindruckt feiert man weiter. Der zweite Auftritt des
Hausgenossen eine halbe Stunde später verläuft folgenreicher. Brüllend kündigt er Rache-

maßnahmen an. Und wenige Zeit später geht das Licht aus – Strom weg, der Nachbar hat die Sicherung im Keller entfernt. So kann dann die Fete nur noch bei Kerzenscheinromantik fortgesetzt werden...

Die große Party ist gesellschaftlicher Höhepunkt des gemeinsamen WG-Lebens. Um so ärgerlicher ist, wenn der Spaß ein vorzeitiges Ende findet.

Frühes Fragen verhindert spätes Klagen Die Party sollte unbedingt bei den Nachbarn angekündigt werden, mindestens zwei bis drei Tage vorher. Dazu geht man am besten von Tür zu Tür, denn ein persönliches Gespräch ist meist wirkungsvoller als ein aufgehängter Zettel im Flur. Ein unbeschwertes Partyvergnügen belohnt den Aufwand! Wichtig dabei ist auch, die Nachbarn gleich mit einzuladen. Meistens kommen die Leute sowieso nicht, was zählt, ist die Geste. Und sollte doch ein überraschender Gast auftauchen, kann das oft sogar die Partyvielfalt bereichern.

Dabei wäre es natürlich eher ungeschickt zu fragen, ob die Party stattfinden darf. Lieber freundlich selbstbewußt etwas sagen wie: „Wir haben am Freitag abend ein paar Leute eingeladen. Das könnte etwas lauter werden, aber ich hoffe, Sie werden nicht zu sehr gestört. Wenn es Ihnen zu laut wird, dann melden Sie sich bitte. Sie können natürlich auch gerne mitfeiern!"

So steigt die Mecker-Hemmschwelle. Die Nachbarn werden vorbereitet sein. Sie werden sich in den grellsten Farben die Orgien ausmalen, die „Pop"-Musik bereits dröhnen hören und die Schnapsleichen vom Balkon stürzen sehen. Und sie werden positiv überrascht sein, wenn es dann gar nicht so schlimm wird.

Wichtig ist der ausdrückliche Hinweis, daß sie sich beschweren können. Damit wird gezeigt, daß des Nachbars Ruhebedürfnisse ernstgenommen werden. Dadurch, daß ihnen die Möglichkeit zum Protest vorgeschlagen wird, befinden sie sich in der Defensive und werden es sich dreimal überlegen, bevor sie tatsächlich vor der Tür stehen. Und sollten sie doch kommen, dann nicht mit hochrotem Kopf, sondern vermutlich durchaus gesprächsbereit. Dann kann man sie ja immer noch auf ein Bier einladen ...

Und wenn dann doch mal die Polizei kommt ... Nachbarn, die sich in ihrer Ruhe gestört fühlen, rufen statt bei den Störern häufig gleich bei der Polizei an. Die kommt dann, um nach dem Rechten zu sehen, und fordert die Feten-OrganisatorInnen auf, die Musik etwas leiser zu stellen. Für die Ordnungshüter ist es besonders an Wochenenden nicht der erste Einsatz in gleicher Mission, und sie sind dementsprechend genervt, daß die Nachbarn nicht direkt zu den Feiernden gegangen sind. Nun dürfen sie den Part der Buhmänner übernehmen.

Was nun? Die Musik wird etwas gedrosselt, und die Damen und Herren in Grün haben ihre Pflicht erfüllt. Die Fete kann bei guter Stimmung auch trotz ein paar fehlender Dezibel munter weiterlaufen.

Der Tag danach Bei Licht betrachtet und wieder zu dreiviertel nüchtern offenbart sich am nächsten Tag das ganze Ausmaß der Fetenfolgen: Weinflecken auf dem Teppich, Bierflaschen quer über die Wohnung verteilt. Die Küche voll mit dreckigem Geschirr, Essensresten. Zigarettenkippen in jedem auch nur halbwegs geeigneten Gefäß. Das will erstmal alles wieder aufgeräumt werden. Zum Glück hat die WG Fotos vom Prä-Feten-Zustand angefertigt.

Aufräumen ist extrem lästig, zeitraubend, unproduktiv. Macht niemand gern. Es sei denn, Ihr setzt die Fete fort. Musik auflegen, schick anziehen (Kopftuch, Kittel, Baseballmütze, Gummistiefel oder ähnliches) und gemeinsam geht's los. Die Aussicht auf ein üppiges geselliges Frühstück nach getaner Arbeit lockt auch Fetengäste zur Aufräumhilfe, und plötzlich geht alles doppelt so schnell. Das Aufräumen als Happening.

Beziehungsweise Wohngemeinschaft

Von der Liebe, dem Leben und dem Versuch, beides in einer Wohnung zu verbinden

Wenn die Nachbarin zur Freundin wird Gelegenheit macht Liebe, und das Leben in der Wohngemeinschaft ist voll von Gelegenheiten. Was im Alltag oft nur über einen flüchtigen optischen Eindruck funktioniert, hat in der WG ungleich mehr Chancen: das Kennenlernen. Heraus kommt eine ganz andere Art der Freundschaft. Denn selten wird es die Liebe auf den ersten Blick

sein, die aus Nachbarn Verliebte macht. Vielmehr ist es ein all-
mähliches Entdecken der Qualitäten des anderen, der Blick durch
eine neue Brille. Nicht die Liebe auf den ersten, eher auf den zweiten, dritten oder vierten Blick. Die „normale" Reihenfolge – erst
Liebe, dann Alltag – wird auf den Kopf gestellt. Nun ist zuerst der
Alltag da, und daraus erwächst die Liebe. Dieser Gegensatz zum
Gewohnten ist nicht für alle einfach zu verkraften. „Es ergab sich
so" klingt nicht nach dem Anfang einer romantischen Lovestory.

Trotzdem ist es nicht das richtige Zusammenleben auf Probe.
Man wohnt zwar zusammen, doch zusammengezogen ist man
nicht. Viele müssen danach erstmal die Flucht ins Alleinwohnen
antreten. Um dann vielleicht irgendwann zusammenzuziehen,
diesmal aber richtig.

Wenn der Freund zum Nachbarn wird Natürlich geht es
auch umgekehrt. Man lernt sich kennen und lieben und zieht
irgendwann in eine Wohngemeinschaft. Das klingt wie ein guter
Kompromiß. Man wohnt zusammen, aber nicht ganz. Das WG-
Umfeld puffert auf vielfältige Weise die Extreme eines Wohnens
zu zweit ab. Es ist die Chance, das Zusammenleben auszuprobie-
ren, eine Art „Ehe-light", ein Probeabo für das gemeinsame Leben,
Kündigungsfrist jederzeit. Ein erster Schritt in die Gemeinsamkeit,
bei dem ein Fuß noch vor der Tür stehen bleibt. Für die WG ist das
eine schwierige Situation. Sie hat es nun mit einem Mitbewohner
zu tun, der aus zwei Personen besteht, aber zumeist mit einer
Stimme sprechen wird, manchmal aber auch mit zweien. Spätestens dann wird es heikel.

Wenn aus beiden Fremde werden Das Hauptproblem der
Liebe in der WG ist weniger ihr Vorhandensein als ihr Scheitern
und die Entwicklung bis dahin. Das Zerbrechen einer Beziehung
findet nun nicht mehr in den eigenen vier Wänden statt, sondern
WG-öffentlich. Doch selbst wenn es nicht zum Schlimmsten
kommt, völlig harmonisch verläuft keine Liebesbeziehung, erst
recht nicht, wenn man zusammenwohnt. Nun ist man beim Streiten nicht mehr allein. Die WG-MitbewohnerInnen werden unfrei-
willige Augen- und Ohrenzeugen von lautstarken Diskussionen.
Sie bilden das Publikum eines Psychokriegs zwischen den nicht
mehr so Verliebten, die WG-Küche wird zum Schauplatz gegensei-

tiger Erniedrigung. Wer sich mit beiden gut versteht, steht einsam zwischen den Fronten. Wem helfen, wen verstehen? Genügen sich Verliebte in der Regel selbst, verlangt ihr Streit nach Aufmerksamkeit. WG-Mitglieder stehen dann in der Regel schweigend da und wünschen sich in eine andere Wohngemeinschaft oder das Pärchen auf dem Mond.

In dieses Schauspiel der „Liebes-Streitkultur" werden die WG-Mitglieder beliebig integriert. Sie sind gleichzeitig Publikum und Mitspieler. Manche spielen die ihnen zugeteilten Rollen mit Bravour, andere verweigern beharrlich das Betreten der Bühne. Entziehen kann sich niemand, schließlich wohnt man zusammen. Genervt sind alle. Mit Ausnahme der Psychologie-Studentin, die gerade ihre Diplomarbeit mit dem Titel „Beziehungsstreit – die Rolle der scheinbar Unbeteiligten in Relation zu den unmittelbar Beteiligten unter besonderer Berücksichtigung des jeweiligen Verhältnisses zum Paar" anfertigt.

Die kaum zu umgehende Einbeziehung der Mitbewohner im Streitfall ist wohl auch das Hauptargument gegen das Zusammenleben als Pärchen in einer Wohngemeinschaft. Jedenfalls will diese Auswirkung bedacht und einkalkuliert sein. Nur wer sich imstande sieht, nicht das ganze Privatleben im Problemfalle in die WG zu tragen, sollte sich und seinen MitbewohnerInnen dieses Experiment zumuten.

Die WG-Affäre – das große Tabu Der Reiz der flüchtigen Affäre. Man lernt sich kennen, verbringt die Nacht zusammen, und am nächsten Morgen geht sie ihrer Wege und er zurück ins Bett, oder umgekehrt. In der WG trennt nun lediglich eine Wand, wo sonst ganze Stadtteile für Distanz sorgen. Während man sich normalerweise besten- oder schlimmstenfalls zufällig in der Fußgängerzone begegnet, trifft man sich in der WG auf dem Weg zum Klo. War die Affäre zwar flüchtig, aber nur für einen von beiden, wird das Zusammenleben zur Qual. Dann bleibt oft nur ein Ausweg, der in eine neue Wohnung.

Die Angst vor dem Ende der Beziehung beeinflußt ihren Anfang. Die Horrorvorstellung: Beziehung plötzlich kaputt, Zusammenwohnen nicht schnell beendbar. Man kann sich eigentlich nicht mehr sehen und begegnet sich täglich in der Küche. Das darf nicht passieren, denkt man sich. Je wohler sich jemand in der WG fühlt, desto mehr wird er überlegen, ob er diese Annehmlichkeit zugunsten der potentiellen Verwicklungen riskieren soll, die sich aus einer WG-Beziehung ergeben können. Liebe oder Leben.

Zum ersten Mal in ihrer WG Früher war es der Härtetest, das erste Kennenlernen der Eltern der Freundin oder des Freundes. Mit weichen Knien malte man sich die kalten, ablehnenden Blicke von Schwiegermama und -papa in spe und deren bohrende Fragen aus: „Was wollen Sie denn mal werden? Was machen Sie denn so?" Das hat sich bis heute nicht geändert. Eine vergleichbare Situation: das erste Mal in der WG des Freundes, das erste Kennenlernen der Mit-bewohnerInnen der Freundin. Sicher keine so harte Prüfung, und die Fragen sind weniger verfänglich. Es hängt nicht so viel davon ab, wie früher vom Urteil der Eltern. Doch unangenehm kann es schon werden, wenn der WG der Freund nicht paßt und er oder sie das bei entsprechenden Gelegenheiten zu spüren bekommt („Wenn ich dir mal was sagen darf, der paßt nicht zu dir.").

Die WG ist neugierig, ob die morgendliche Schlange vor dem Bad nun noch länger wird. Archaische Ängste kommen auf. Ein Eindringling im eigenen Territorium? Ein Konkurrent im Kampf um die morgendliche Milch? Der Neuling wird argwöhnisch betrachtet, und hinter dem Rücken der Mitbewohnerin wird aus-führlich über ihn abgelästert. Fällt das Urteil gegen ihn, wird ihm das nicht verborgen bleiben.

Erleichterung kommt auf, wenn er länger als vier Wochen nicht mehr in der WG anzutreffen war. Allen Mitbewohnern liegt die Frage auf den Lippen, aber niemand traut sich, sie zu stellen: Hat sie ihn endlich abgesägt?

Oh, guten Morgen, Herr Müller

Vom bösen Vermieter und den guten Mietern

Die Geschichten über fiese, rücksichtslose, neu- und habgierige VermieterInnen sind so zahlreich, daß sie dieses Buch sprengen würden. Wir schenken uns also den Bericht über Vermieter, die ohne Vorankündigung das einzige Bad der Wohnung herausreißen, in Abwesenheit der Mieter in deren Zimmern rumschnüffeln, bei Ausfall der Warmwasser-

Der Abwasch in der Kammer

von Rainer Gas

Vor ein paar Jahren wohnte ich mit zwei Freunden in einem kleinen Haus auf dem Lande. Wir hatten eine ganze Etage für uns, drei Zimmer, großer Flur, Küche und Klo. Eines Tages konnte wieder einmal kein Konsens über die Verantwortlichkeit für den Abwasch erzielt werden und wir verließen die Wohnung mit einem mittleren Chaos in der Küche. Am Abend kamen wir zurück und wurden Zeugen eines kleinen Wunders. Unser Problem hatte sich von selbst gelöst, die Küche strahlte, die Spüle blitzte und von Abwasch keine Spur. Die Theorie mit den Mainzelmännchen wurde schnell verworfen. Unser Verdacht richtete sich auf unsere Vermieterin, die im Haus nebenan wohnte und sich bereits zuvor durch ein ausgeprägtes Interesse an *ihrer* Wohnung und *unserem* Umgang damit ausgezeichnet hatte. Zweimal stand sie wie zufällig in unseren Zimmern, als wir heimkehrten, um, wie sie sagte, nachzuschauen, ob auch alles seine Ordnung hätte, die Fenster bei dem Wind draußen geschlossen wären und ähnliches. Wir hatten versucht, sie über die Rechtswidrigkeit dieser Fürsorge aufzuklären, waren damit aber auf wenig Verständnis gestoßen.

Dagegen war die Vorstellung, daß die gute Frau unsere Küche putzt, schon um einiges angenehmer. Schön blöd, dachten wir und wollten uns ein Bier zur Feier der sauberen Küche genehmigen. Als wir in den Schrank griffen, um die Weizenbiergläser herauszuholen, griffen wir jedoch ins Leere. Gleiches bei den Tellern und beim Besteck. Die Küche war definitiv sauber und ebenso leer. Unsere Freude kehrte sich ins Gegenteil um, und wir machten uns auf die Suche, die schließlich unsere übelsten Ahnungen bestätigte: Unser Abwasch war mitnichten abgewaschen worden, sondern fand sich in einem großen Umzugskarton, den die

Empfängerin unserer Mietzahlungen in die hinterste Ecke
der Abstellkammer geschoben hatte.

versorgung gerade keine Zeit haben, in Mietern eine niedere soziale Kaste sehen, ständig mit Mieterhöhung oder Eigenbedarf drohen, nie feiern und durch jede Feier gestört werden. Nein, darüber wollen wir nicht reden. Es gibt diese Vermieter, als WG muß man ihre Existenz akzeptieren, und die Frage kann nur lauten, wie man die gröbsten Konflikte vermeidet. Der erste – und zugleich schwierigste – Schritt ist, den Vermieter zu verstehen.

Warum vermieten Vermieter an WGs? Bevor man sich mit dem Vermieter oder der Vermieterin überwirft, sollte man sich als WG-BewohnerIn bemühen, sich selbst in dessen oder deren Rolle zu versetzen. In einem Planspiel der Uni Lütjenburg wurde 50 WG-BewohnerInnen eine 5-Zimmer-Wohnung zum Vermieten zur Verfügung gestellt. Es stellte sich heraus, daß 87% der befragten WG-Bewohner ihre fiktive Wohnung vor allem unfruchtbaren Ehepaaren über fünfzig überlassen würden, die eine Haustierallergie und ein Ferienhaus auf Mallorca haben, in dem sie zwei Drittel des Jahres verbringen. Weiter entschieden sich 98% der Testteilnehmer dafür, die Räume lieber gar nicht zu vermieten, als sie von einer unkontrollierbaren Horde Halbwüchsiger in einer Wohngemeinschaft binnen Jahresfrist zugrunde richten zu lassen.

Den unbestrittenen Verdienstmöglichkeiten bei der Vermietung an eine WG steht eine erhöhte Unsicherheit gegenüber: Wer seine Wohnung an o.a. Ehepaar vermietet, hat vermutlich die nächsten Jahrzehnte seine Ruhe. Bei der WG dagegen ziehen oft jährlich BewohnerInnen aus, müssen neue gefunden und neue Mietverträge aufgesetzt werden, gilt es, Ärger mit den Nachbarn zu vermeiden, ist die Abnutzung der Räume größer. Klar, daß sich die VermieterInnen diesen Mehraufwand mit vergleichsweise hohen Mieten bezahlen lassen; hinzu kommen viele mahnende Verweise auf die Hausordnung. Wer aber die berechtigten Ängste seiner Wohnungsgeber und Mietnehmer kennt, der kann den meisten Ärger bereits im Vorfeld vermeiden.

Recht nett sein statt recht haben wollen Es ist ein Grundprinzip des Zusammenlebens: Man streitet sich ungern mit Leuten, die man mag. Jeder persönliche Kontakt, den man mit seinen Vermietern aufbaut, kann helfen, die nächste Mieterhöhung zu vermeiden oder die dringende Reparatur der Heizung zu beschleunigen. Ein kleines Geschenk zum Einzug bewirkt Wunder. Eine Flasche Wein aus der Heimat kommt immer gut an. Das ist selbstverständlich Bestechung auf die plumpeste Art, doch auch VermieterInnen sind nur Menschen. Und die freuen sich nun mal über eine Karte zu Weihnachten, vor allem, weil sie keine Gegenleistung („Ach, … kommen sie doch auf einen Kaffee herein") erfordert, trotzdem aber „nett" ist. Also Zähne zusammenbeißen, ein paar warme Worte überlegen und durchatmen. Kleiner Aufwand, große Wirkung.

Stimmt etwas nicht mit der Wohnung, läuft die Klospülung ständig oder gluckst die Heizung wie eine Henne beim Eierlegen, sind ebenfalls die Vermieter gefragt. Genauer, sie sind verpflichtet, für Abhilfe zu sorgen. Freundliches Anfragen macht die Sache dennoch leichter und vor allem schneller. Die rechtliche Keule kann man immer noch später schwingen.

Lieber fragen statt Antworten geben zu müssen Den meisten Ärger bereiten VermieterInnen, die im gleichen Haus wohnen. Sie müssen bei zu lauten Feten nicht erst von wütenden Nachbarn angesprochen werden – sie stehen selbst vor der Tür. Hier kann daher auf die allgemeinen Fetentips verwiesen werden. Kleine Flunkereien bei der Beschreibung der Party sollten allerdings in Betracht gezogen werden. So ist die Zahl der geladenen Gäste besser durch die Zahl der zu erwartenden Schnapsleichen zu teilen, als Anlaß der Beginn der entsagungsvollen Examensvorbereitung zu wählen und die Dauer der Veranstaltung auf „natürlich nicht so lange" zu fixieren. Tiere werden nicht mitgebracht, Drogen nicht konsumiert, und auch Spaß werde man selbstverständlich nicht haben.

Laßt Worten Briefe folgen Worte sind Schall und Rauch. Vor allem Worte des genervten Vermieters am Telefon, mit denen lästige Mieterbeschwerden abgewimmelt werden. Deshalb sollte man jeder Zusicherung seitens des Vermieters schnellstens einen freundlichen Brief folgen lassen, der den Inhalt des Gesprächs nochmal zusammenfaßt und den Dank für die gemachten Zusagen zum Ausdruck bringt. Der Vorteil: War vielleicht das eine oder andere Detail alles andere als geklärt, läßt es sich im jovialen Ton nun als Selbstverständlichkeit bestätigen. Im Zweifel wird der Vermieter längst vergessen haben, was genau besprochen wurde und den Inhalt des Briefes für bare Münze nehmen. Diese Taktik ist im übrigen nicht auf Vermieterprobleme beschränkt.

Ich dachte, du wärst dran

Vom Spülen, Putzen und anderen unangenehmen Dingen

Spülen und Putzen sind die „Lieblingsthemen" jeder WG. Sie geben regelmäßig Anlaß für kontroverse Diskussionen. Wer schon in einer WG gewohnt hat, kennt mit Sicherheit die Situation: Man kommt abends in bester Stimmung nach Hause, um dann angesichts des Berges von dreckigem Geschirr spontan an Auszug zu denken.

Die Welt der WG-BewohnerInnen zerfällt – bezüglich der häuslichen Pflichten – in zwei Hälften:

• DIE ANHÄNGER VON REGELN UND PLÄNEN. Bei ihnen muß genau festgelegt sein, wer wann welchen Dienst hat. Die Vorteile liegen auf der Hand: Jeder weiß genau, wann er oder sie „dran" ist. Es gibt keine Chance, das Kloputzen auf später zu verschieben, weil schnell ein Mitbewohner mahnend mit dem Putzplan vor der Tür steht.

• DIE GEGNER VON REGELN UND PLÄNEN. Ihnen ist alles, was nach fester Organisation aussieht, ein Graus. Sie fühlen sich sofort eingeengt und festgenagelt, wenn sie sich dem Diktat einer anonymen Macht wie der Spüluhr beugen müssen. Sie entscheiden lieber selbst, wann sie spülen. Das bietet zwar mehr Freiheit, ist aber auch eine Herausforderung an die Selbstdisziplin und gibt Stoff für Konflikte. Wo das Spülen und Putzen auf dieser Basis klappt, hat die soziale Verantwortung den Kampf gegen den inneren Schweinehund gewonnen.

Im folgenden werden verschiedene Putzsysteme vorgestellt. Es beginnt mit eher planwirtschaftlich orientierten Organisationsformen, in denen es für alle in der Wohnung anfallenden Aufgaben feste Regelungen gibt. Der „Plan" sichert den Hygienestandard des Zusammenlebens und bestimmt, wer wann für was verantwortlich ist. Je größer die WG, desto wahrscheinlicher ist es, daß auf solche Systeme zurückgegriffen werden muß.

Es folgen dann die eher freien Modelle, die ohne eine gewisse Disziplin und Selbstkontrolle, wie man sie nur in kleineren WGs findet, nicht funktionieren. Wenn die Wohnung ganz ohne Druck immer sauber ist (Glückwunsch!), dann ist dieses Kapitel überflüssig.

Spül mir das Lied vom Abwasch Obwohl Spülmaschinen nicht mehr die Welt kosten, wird in den meisten WGs wohl noch von Hand abgewaschen. Doch schnell wachsen die Berge mit dem dreckigen Geschirr in bedrohliche Höhen. Das goldene Prinzip: „Jeder wäscht ab, wenn er es für nötig hält" ist leider für eine bessere Welt erdacht worden. Ein anderes Extrem ist ebenfalls untauglich: Jeder wäscht vom schimmelnden Abwaschberg nur das ab, was er gerade braucht. Deswegen führt wohl kein Weg um die allseits gehaßte Abwaschregelung herum.

Das „Jeder-macht-seins"-Prinzip Wie der Name schon sagt, herrscht das strikte Verursacherprinzip: Was ich dreckig mache, muß auch von mir gespült werden. Dieses Prinzip ist vor allem für die große WG oder das Studentenwohnheim interessant. Bei so vielen MitbewohnerInnen wird es mit allen anderen Systemen immer Unzufriedene geben. Denn die Anwesenheitszeiten der einzelnen Mitbewohner sind zu unterschiedlich für eine gemeinsame Bewältigung des Abwasches. Wann ist nun der beste Zeitpunkt, seine Hände wieder in Spüli zu baden? Einzig erfolgversprechend ist das „Nach-dem-Essen-wird-sofort-abgewaschen-System". Denn spätestens zwei Stunden später weiß niemand mehr, welcher Teller nun von wem war. Jeder ist aber ganz sicher, daß von ihm nichts dabei ist.

Ins Wanken kommt das System allerdings, wenn man nach dem Essen entweder zu entspannt ist, um noch abzuwaschen oder wiederum zu sehr im Streß, noch rechtzeitig ins Kino zu kommen. Das Ergebnis ist in beiden Fällen natürlich das gleiche: Dreckiges Geschirr, unglückliche MitbewohnerInnen und erste Maßnahmen zur persönlichen Aggressionsbewältigung aus dem bunten Strauß der WG-Sanktionen. Das Verladen des dreckigen Geschirrs in den Bettkasten des vermeintlichen Übeltäters liegt dabei noch im guten Mittelfeld.

Ein weiterer Nachteil: Es muß auch bei kleinsten Geschirrmengen abgewaschen werden, der Wasserverbrauch wird unnötig hoch. Das kostet Geld und belastet die Umwelt.

Wem die Spüluhr schlägt Entschließt man sich daher, neben der Wohnung auch noch den Abwasch zu teilen, stellt sich die Frage, wer wann wieviel abwäscht. Soll kein Frust entstehen, muß das Spülaufkommen gerecht verteilt werden. Hier hilft die Spüluhr.

Das Prinzip ist simpel. Auf einer Pappscheibe stehen im Uhrzeigersinn alle Namen der WG-Mitglieder. Der Pfeil zeigt auf denjenigen, der spülen muß. Nun kann man den Zeiger jeden Tag weiterstellen, dann ist Gunter am Montag dran, Johanna am Dienstag und so weiter. Zu Problemen kommt es, wenn Gunter ausgerechnet montags seinen langen Tag an der Uni hat und nicht zum Abwaschen kommt. Dienstag ist aber schon Johanna dran, die die Sache etwas schleifen läßt, und spätestens am Mittwochmorgen kriegt Eva einen Anfall. Außerdem bräuchte man für diese Methode auch keine Uhr, sondern einen noch simpleren Spülplan, auf dem steht, wer an welchem Tag „dran" ist. Weil das in der Regel nicht funktioniert, kommt jetzt der Clou: Wer „dran" ist, spült ab, wann immer er oder sie der Meinung ist, es sei an der Zeit abzuspülen. Erst dann wird der Zeiger weitergestellt.

„Das klappt nie!" ist die typische Reaktion bei der Einführung der Spüluhr. Tut es aber doch, und zwar ganz hervorragend. Denn niemand wird auf die Idee kommen, für nur einen abgespülten Teller den Zeiger weiter zu stellen. Je länger man sich aber vor dem leidigen Abwasch drückt, desto mehr sammelt sich an. Dadurch steigt die Motivation, den ganzen Kram endlich wegzuspülen. Hat man dann abgewaschen, kann man die Uhr weiterstellen und sich über ein paar abwaschfreie Tage freuen. Dieses System genügt zudem höchsten moralischen Anforderungen. Wer zu lange zögert und die MitbewohnerInnen mit dem Dreck nervt, der kriegt seine „gerechte Strafe" ganz von selbst, indem er am meisten und auch vor allem das Zeug der anderen abwaschen muß. Die Mitbewohner können den moralischen Zeigefinger beruhigt in der Tasche lassen. Im o.a. Beispiel wird es Gunter kaum dazu kommen lassen, seinen Spüldienst bis Mittwoch aufzuschieben, da sein Abwaschberg sonst bedrohlich anwachsen würde.

Der Abwaschdienst funktioniert allerdings nicht für die Reste des letzten Großessens mit zehn Freunden – da macht jeder selbst sauber. Und natürlich kann man das Spühluhr-Prinzip auch vergessen, wenn die WG-BewohnerInnen sehr unterschiedliche Lebensstile haben, oder wenn ein echter Spülboykotteur in der WG wohnt. Doch dann hilft ohnehin kein System mehr.

Kleine Putzteufeleien Fast genau so lästig wie das ewige Spülen ist das Putzen. Der einzige Vorteil: Es fällt nicht ganz so häufig an. Das Putzproblem ist so alt wie das Zusammenwohnen selbst. Schon in den 60er Jahren kämpfte man in der „Kommune 2", einer der Ur-WGs vergeblich gegen den Dreck:

> *Im Laufe unseres Zusammenlebens haben wir einen Zusammenhang entdeckt zwischen der Art, wie die Organisation des Alltags funktioniert hat und dem Zustand der Gruppe. Das wollen wir am Beispiel des äußeren Bildes, das die Wohnung jeweils bot, klarmachen. Periodisch wiederkehrend herrschte bei uns ein durchaus*

unproduktives Chaos. Überall war es schmutzig. Man hatte z.B. keine Lust zum Baden, weil es im Bad stank, wenn tausend schmutzige Handtücher herumlagen; im Wohn- und Arbeitszimmer war es so unordentlich, daß man nichts mehr finden konnte. Die Küche war in einem chaotischen Zustand und voller Müll, so daß man dort kein Brot mehr essen mochte (dieser Zustand ist dem Leser sicher aus allen Zeitungsberichten über Kommune-Wohnungen bekannt. Nicht immer beruht also das Schwelgen in der Darstellung von Schmutz und Unordnung alleine auf den Vorurteilen der bürgerlichen Journalisten). In einer solchen Situation hatte keiner Lust, etwas an dem Chaos zu ändern. Jeder machte den anderen Vorwürfe, daß sie nichts mehr täten. Wenn wir gemeinsam darüber sprachen, kamen wir meist sehr schnell auf die Ursache dieser Situation: Jeder erwartete von den anderen, bzw. von der Gruppe, daß sich etwas änderte. Diese Passivität war das Resultat irgendeines Konfliktes in der Gruppe, der bis dahin meist unbewußt geblieben war. In solchen Fällen war es zwecklos, in einer Haushaltsdebatte nur die nötigen Arbeiten regeln zu wollen; denn das wuchs sich meistens in völlig fruchtlose, gegenseitige Vorwürfe und Aggressionen aus, die den zugrundeliegenden Konflikt verschleierten."

(Kommune 2, Versuch der Revolutionierung des bürgerlichen Individuums, Oberbaumpresse Berlin, 1970)

Will man es nicht soweit kommen lassen, müssen früher oder später Putzregeln her.

Putzen als Happening Samstag ist Putztag. Alle MitbewohnerInnen sind am Nachmittag zu Hause und putzen die gesamte WG in einer halben Stunde blitzblank, dabei gibt es Sekt und die Stimmung ist prächtig. Einzig gangbarer Weg, WG-BewohnerInnen, die den Putzdienst regelmäßig verdrängen, sinnvoll in die häuslichen Pflichten miteinzubinden. Einziges Manko: Ein oder zwei Leute können meistens nicht, dadurch wird es für die anderen mehr und dauert statt einer halben eineinhalb Stunden.

Der Wenn-schon-denn-schon-Putz Die meisten WG-BewohnerInnen werden jedoch keine Lust haben, jede Woche zu einem festen Termin den Lappen in die Hand zu nehmen. Sie bevorzugen klare Verhältnisse: Wenn geputzt wird, dann alles auf einmal – und anschließend hat man seine Ruhe. Eine Woche malochen, dafür dann drei Wochen Urlaub. Der Putzplan sieht dann so aus:

WANN WIRD GEPUTZT?	WER PUTZT?	KÜCHE	BÄDER	MÜLL	BODEN
1. – 3. 7.	GUNTER	✓	✓	✓	
8. – 10. 7.	JOHANNA				

Es steht frühzeitig fest, wer wann alles zu putzen hat. Damit nichts vergessen wird, sind die einzelnen Bereiche nochmals genannt. Der Putzer vom Dienst kann seine Häkchen machen, so daß die anderen wissen, ob und wo es nun sauber sein soll. Der Putz kann so auch auf mehrere Tage verteilt werden. Hat jemand keine Zeit, kann er seinen Putztermin mit einem Mitbewohner tauschen. So kommt keiner zu kurz, der regelmäßige Putz ist garantiert und nicht vom Lustprinzip abhängig.

Wem die Putzuhr schlägt Wer keinen Bock auf eine Liste hat, greift zur Putzuhr. Diese funktioniert ähnlich wie die Spüluhr. Einziger Unterschied: Es wird nicht geputzt, wenn's zu dreckig ist, sondern in einem verabredeten Rhythmus, z.B. wöchentlich. Entweder merkt man sich, wann das letzte Mal reinegemacht wurde, oder es wird ein Zettel mit Datum an die Uhr gehängt. Wenn man seinen Dienst verrichtet hat, wandert der Zeiger auf den nächsten Namen, und das neue Opfer kann anhand des Datumszettels sehen, wann er oder sie dran ist.

Das Klo putze ich – und zwar immer! Für die Liebhaber einer wohlgeordneten Umgebung, in der sich nichts ändert, kommt dagegen eine feste Aufgabenverteilung in Frage. Jeder hat einen Bereich, den er hegt und pflegt, Küche, Bad und Flur haben ihre festen Betreuer. Der Rest der WG weiß, an wen er oder sie sich zu wenden hat, wenn das Klo stinkt. Diese Regelung bietet sich vor allem dann an, wenn es wegen der Größe der Wohnung kaum möglich ist, einem Mitbewohner den gesamten Putz aufzubrummen. Wer nun glaubt, das Klo bliebe auf diese Weise immer dreckig, der irrt: Nicht wenige WG-BewohnerInnen ziehen den ekligen aber kurzen Kloputz dem vermeintlich angenehmeren, aber längeren Bodenwischen vor. So gleicht sich alles aus.

Öfter mal was neues – die Rotation Für all diejenigen, die das Klo nach einem Mal Putzen nicht mehr sehen können, bietet sich das Gegenteil einer festen Verteilung an: die wöchentliche Rotation. Gunter putzt eine Woche die Toilette, Eva schrubbt den Küchenfußboden usw. Jede Woche rücken die Aufgaben dann eins weiter. Das Prinzip läßt sich schön mit Holzwäscheklammern veranschaulichen, auf denen die Namen der Bewohner stehen. Die jeweiligen Aufgaben schreibt man untereinander auf einen Plan. Beim Wechsel werden einfach die Klammern umgesetzt.

Die Freiwillige Selbstkontrolle Es gibt noch einen Mittelweg zwischen Planwirtschaft und Putzanarchie, in dem zwar der Putz garantiert ist, das Wer und Wann jedoch den einzelnen MitbewohnerInnen überlassen bleibt. Jeder soll die Freiheit haben, individuell zu entscheiden, welche Reinigungsaufgabe er wann erledigt. Hauptsache, alle sind unterm Strich gleichmäßig am Putzen und Abwaschen beteiligt.

Das Grundprinzip ist relativ simpel: Auf einer Liste tragen die einzelnen BewohnerInnnen der WG ein, wann sie eine Haushaltsaufgabe erledigt haben. Man sieht so auf einen Blick, wo man bisher zuwenig getan hat. Der soziale Druck und das individuelle Verantwortungsgefühl müssen dann dafür sorgen, daß sich die Menge der geleisteten Aufgaben einigermaßen gerecht verteilt. Wer sieht, daß er das Klo noch nie geputzt hat, tut es „freiwillig".

Die Putzliste kann so aussehen:

	GUNTER	JOHANNA	EVA	DATUM
SPÜLEN	HHt III	HHt HHt HHt III	HHt HHt HHt HHt	—
KÜCHEN-PUTZ	II	I	I	2. 3., 8. 3., 15. 3., 25. 3.
MÜLL	HHt HHt HHt HHt HHt HHt HHt			
KLOPUTZ	HHt	HHt IIII	HHt III	1. 3., 8. 3., 13. 3.

Die Spalte ganz rechts stellt sicher, daß in der WG genügend oft geputzt wird. Nach dem Erledigen einer Aufgabe wird hier das entsprechende Datum eingetragen. So sieht man immer auf einen Blick, ob das Klo vor zwei Tagen oder zwei Wochen das letzte Mal geputzt wurde.

Vorteil dieses Systems

1. Niemand wird von einem Plan zum Putzen gezwungen, obwohl er gerade keine Zeit hat.

Nachteile

1. Haben alle weder Zeit noch Lust, erstickt die Wohnung im Dreck.

2. Ist der Geschirrberg bis unter die Decke gewachsen, kann man keine Einzelperson zur Verantwortung ziehen.

Natürlich sind die verschiedensten Variationen möglich:

1. Man kann sich überlegen, wann die Liste gegen eine neue ausgewechselt wird und ob man Rückstände in die nächste Liste mit übernimmt.

2. Es können Sanktionen festgelegt werden, wenn jemand zu wenig Striche auf der Liste hat, weil er den Putz den anderen überläßt.

3. Die Variante für Kapitalisten: Man kann sich bei der Haushaltskasse vom Putzdienst „freikaufen". (Aber Vorsicht vor Arbeiteraufständen).

4. Es ist legitim, verschiedene Jobs gegeneinander aufzurechnen. Zum Beispiel hat Gunter mehr als doppelt so oft den Müll runtergebracht wie Eva. Das muß man ihm zugutehalten, wenn man ihn wegen Nichtspülens zur Verantwortung ziehen will.

Bei den Variationen sind der Phantasie keine Grenzen gesetzt.

Die *„Freiwillige Selbstkontrolle"* stellt allerdings hohe Ansprüche an die einzelnen MitbewohnerInnen. Menschen mit wenig Arbeitselan und einem dicken Fell sind in der Lage, das System schnell und gründlich zu sabotieren.

Die Nomenklatur der Schwämme Es gibt schönere Augenblicke im WG-Leben als beim Abwasch zu erfahren, daß der Schwamm, mit dem man gerade seine Lieblingstasse spült, vor einer Stunde dafür herhalten mußte, die Unterseite der Klobrille zu erfrischen. Oder anders formuliert: Was machen wir mit den ausgenudelten Küchenschwämmen und wie halten wir sie auseinander?

Die Lösung liegt in den vier Ecken jedes Schwammes: Ist der Schwamm zu abgenutzt für das Geschirr, wird einfach eine Ecke weggeschnitten, dann versieht er seinen Dienst zukünftig auf dem Tisch. Der nächste Schritt im sozialen Absturz ist das Abschneiden der zweiten Ecke und ein Putzjob im Bad. Geht dann gar nichts mehr, wird die dritte Ecke weggeschnitten und er muß sein restliches Dasein als Kloputzer fristen.

Diese Norm einmal zu Papier gebracht, an die entsprechende Stelle gehängt, und in der WG wird nie wieder jemand zwei Schwämme verwechseln.

Der 80%-Putz und warum er der beste ist Zum Schluß noch ein paar putzphilosophische Betrachtungen. Das Streben nach Sauberkeit gleicht der persönlichen Suche nach Glückseligkeit. Die eigene Unzufriedenheit wird dabei nicht so sehr durch den Ist-Zustand der Wohnung bestimmt, sondern vielmehr durch die Abweichung vom persönlichen Soll-Zustand. Je höher die eigenen Ansprüche, desto sicherer werden sie enttäuscht.

Und damit wird schon auf die wesentlichen Variablen verwiesen, die verändert werden können: Putzpläne und Spüluhren sorgen für die Verbesserung der tatsächlichen Küchensituation. Sind die Anforderungen eines oder einer einzelnen zu hoch, muß jedes System letztlich versagen, wird immer eine Differenz bleiben. Nur ein vernünftiger Kompromiß kann in der Wohngemeinschaft zu erträglichen Verhältnissen führen. Und dieser setzt bei dem Ziel des Putzens an, beim gewünschten Reinlichkeitsgrad. Wer die hundertprozentige Sauberkeit will, der wird in den seltensten Fällen beim Zusammenleben mit anderen glücklich werden.

Diese hohe Erwartung ist nicht nur subjektiv unbefriedigend, sie ist auch objektiv nicht effizient. Als beste Lösung hat sich daher ein Mittelweg erwiesen, der nicht einmal in der Mitte liegt: der 80%-Putz. Die Küche ist auf den ersten Blick sauber, aber nicht jede Ritze wird gereinigt, der Boden wird nicht täglich geschrubbt und die Spüle nicht siebenmal pro Woche gescheuert. *Ganz* sauber wird es nur alle paar Monate beim konzertierten WG-Putz. In einem solchen Umfeld läßt es sich leben. Die letzten 20% zur perfekten Sauberkeit dagegen machen unverhältnismäßig viel Arbeit ohne sichtbaren Effekt. Wer auf sie verzichten kann, hat mehr vom WG-Leben. Jedenfalls mehr Zeit und sicher auch mehr Spaß.

Die eingemottete WG

Von Würmern im Müsli, Fäden im Mehl und dem vergangenen Appetit

Sie ist die unbeliebteste Mitbewohnerin und doch in mancher WG-Küche zu finden: *Ephestia kuehniella* oder die *Verdammte Drecksmotte!* Hinter dem landläufigen Sammelbegriff „Mehlmotte" verbergen sich noch andere süße Tierchen. Lebensweise und Nahrungsbegehren sind aber ähnlich. Die Dörrobstmotte *(Plodia interpunctella)*, laut Experten dank des zunehmenden Verzehrs von Öko-Müsli in jedem zweiten Haushalt wohnhaft, ist ebenso Kulturfolgerin des Menschen wie die eigentliche Mehlmotte, *Ephestia kuehniella*. Denn die Raupen lebten ursprünglich unter der Rinde von Bäumen und spezialisierten sich dann auf menschliche Nahrung. Ein weiterer Vertreter dieser lästigen Mitbewohner ist ein wahrer Feinschmecker: *Ephestia elutella*, die Kakao-Motte, besitzt eine besondere Vorliebe für Schokolade und Pralinen aller Art. Es soll sich sogar eine Unterart der Kakao-Motte einzig auf Mozart-Kugeln spezialisiert haben.

Mottenbefall erkennt man an Fäden im Müsli – das Gespinst der Larven – und winzigen Kotkügelchen in Mehl, Kakao, Reis und ungefähr allem, was nicht zu ölig, zu scharf, honigsüß oder vakuumverpackt ist. Die befallenen Lebensmittel müssen nicht zwingend weggeschmissen werden, denn giftig sind die Motten und ihre Ausscheidungen nicht. Aber meistens tut man es dennoch, unter anderem auch, um die Ausbreitung der blinden WG-Passagiere zu verhindern. Perfekte Prävention ist unmöglich, manchmal sind schon die Lebensmittel mit den Eiern verseucht. Gut verschlossene Gefäße machen es den Flatterern aber schwerer, und Vorräte lassen sich wunderbar in einem WG-Koch-Happening gemeinsam von Zeit zu Zeit aufbrauchen. Gegen Würmer an Wand und Zimmerdecke hilft auch mal der Staubsauger.

Bewährt haben sich sogenannte Mehlmottenlockstofffänger – eine Art chemisch-biologische Kriegsführung. Die Tierchen werden mit ihren eigenen Sexwaffen geschlagen. Die Fänger strömen Pheromone, Sexuallockstoffe, aus, die die Motten blind ins Verderben fliegen lassen. Sie bleiben dann einfach an ihrem vermeintlichen Sexpartner kleben. Hochselektive, wenngleich ziemlich gemeine Art der Schädlingsvernichtung, ohne Nebenwirkungen, rein biologisch. Ist übrigens nicht vom CIA entwickelt worden. Zu kaufen gibt es die Mottenfänger in Drogerien.

Übrigens: Die Mehlmotte gilt als beliebtes Laboratoriumstier, denn die Veränderlichkeit in der Zeichnung der Flügelmuster macht sie für die Genetiker interessant.

Zeige mir dein Klo, und ich sage dir, wie du lebst

Von Geschichten an der Wand, Zeitungen in der Ecke und fehlendem Toilettenpapier

Ein erlesenes Erlebnis In dieser von Hektik vereinnahmten Welt, in der der Weg niemals das Ziel, sondern immer nur der Weg ist, das Ziel vielmehr selbst nur wieder Weg zu einem anderen Ziel, ist, äh, also in dieser lauten, schnellen und zermürbenden Welt ist es schwer geworden, sich auf das Wesentliche zu besinnen, sich über die kleinen Dinge im Leben zu freuen, das Schöne im Normalen, das Normale auch im Häßlichen zu finden und zu genießen. Doch es gibt einen Ort, an dem dies noch möglich ist und auch möglich bleiben sollte: die WG-Toilette. Als gemeinhin einziger Platz in der typischen deutschen Wohnung, an dem noch kein Fernseher installiert ist, bietet er sich an als Stätte der Ruhe, der Besinnlichkeit und der stillen Lektüre literarischer Meisterwerke. Aus diesem Grund sollte es Service jeder WG sein, den Klogästen eine Sammlung zeitgenössischer Comics und Bücher zur Verfügung zu stellen.

Die Klowand – Dauerausstellung im Wandel Doch damit nicht genug. Die Toilette ist auch ein höchst produktiver Ort. Wissenschaftliche Untersuchungen hätten gerne gezeigt,

Die Kunst der Zwischenlösung

von Angelika Schneider

Der Boiler tropft. Wir stellen einen Eimer drunter. Danach wird A. als WG-Älteste, Hauptmieterin und Geisteswissenschaftlerin beauftragt, den Vermieter per Brief zur umgehenden Reparatur aufzufordern. Die Zeit verstreicht, der Eimer wird regelmäßig in die Zimmerpflanzen geleert. Eines Tages beschließt A., nach Rücksprache mit dem Rechtsanwalt, selbst einen Klempner anzurufen, aber der ist gerade nicht da, und sie findet, nun habe sie genug getan. Inzwischen haben sich auch alle an den Eimer im Bad gewöhnt, und nur gelegentlich, wenn die WG in den folgenden Monaten zusammenkommt, um über den jeweiligen privaten und den allgemeinen Vermieter-Streß zu klagen, seufzt jemand: „Und der Boiler tropft immer noch." Dann aber spitzt sich die Lage zu. Wasser dringt unter der Spüle hervor. B. und K. sind verreist, A. will mit sanitären Anlagen nichts mehr zu tun haben und D. ist sich als WG-Neuling und Jüngste noch unsicher über ihre Position, was sie daran hindert, sowohl eigenmächtig, dann sei es wieder keinem recht, als auch nach Absprache den Klempner zu bestellen, schließlich sei sie nicht der Dubel. Also wird ein Putzlappen vorgelegt. K. kommt zurück. Dynamisch, tatkräftig, engagiert, ruft sie aus beim Anblick des nassen, müffelnden Putzlumpens: „So geht das aber nicht!", und macht sich ans Werk. Als ihr die Mitbewohnerinnen dankbar und voller Bewunderung zur eigenhändigen Reparatur eines Abflußrohres gratulieren, weist K. das Kompliment bescheiden zurück, sie habe lediglich einen Eimer untergestellt… Leider tropft es zu stark, als daß sich die Leerung dieses zweiten Eimers so nahtlos in das Alltagsleben integrieren ließe wie die des ersten. Den Klempner holen will niemand mehr, wer weiß, wann der kommt. Abflußrohre ausbauen aber ist widerlich, und so beschließen die Frauen der WG, das sei Männersache, und

B., obzwar Gärtner, sei doch immerhin auch Handwerker. Aus dem Urlaub zurückgekehrt, folgt B. dem Druck der Notwendigkeit und kriecht unter die Spüle. Er taucht erstaunlich bald wieder auf und verkündet, er habe da so eine Schraube am Zulaufrohr entdeckt und die halt mal angezogen und da habe es aufgehört zu tropfen. Allgemeiner Jubel, Erleichterung, Zufriedenheit. Einige Wochen danach wirft jemand beiläufig die Überlegung in die Runde, rein theoretisch sei es ja durchaus möglich, daß auch am Boiler eigentlich bloß eine Schraube locker sei. Die anderen stimmen zu, ja, das sei denkbar. Irgendwann, kurz vor unserem Umzug in die neue Wohnung, muß wohl jemand die Schraube gefunden und angezogen haben, denn als wir ausziehen, tropft der Boiler nicht mehr.

Alle, die nicht in einer WG leben, werden jetzt sicher sagen, dieser Umgang mit häuslichen Problemen sei hoffnungslos umständlich und ineffektiv. Gewiß ist er das, und zwar aus gutem Grund: Die alternative Lebensform der Wohngemeinschaft strebt in Absetzung von der bürgerlichen Familie Rollenflexibilität an; hier sollen sich in der Bewältigung des Alltags individuelle Neigungen und Talente ungehindert entfalten können und zu harmonischer Ergänzung finden. Dazu gilt es, einerseits zu verhindern, daß durch Konkurrenz- oder Dominanzgebaren Einzelner die Gemeinschaft Freier und Gleicher sabotiert wird, andererseits aber auch dem Phänomen der Verantwortungsdiffusion (jede/r denkt, der/die andere wird sich drum kümmern) entgegenzusteuern. Das geschieht normalerweise durch bürokratische Planung und parlamentarische Abstimmung, Verfahren, die in Ausnahmesituationen jedoch versagen. Dann aber, angesichts der Herausforderung durch unvorhergesehene häusliche Katastrophen, erreicht das menschliche Miteinander seine höchste Form. Nur wo unverzüglich gehandelt werden und zugleich allen möglich sein muß, sich einzubringen, kann die Feinabstimmung von Eigeninitiative und Zurückhaltung, das Austarieren von Selbst- und Fremdbestimmung und das wechselnde Zusammenspiel unterschiedlicher Rollen, Erwartungen und Fähigkeiten sich zur vollen Schönheit eines Kunstwerks steigern. Wird die Routine des Zusammenwohnes von Effektivität bestimmt, so macht erst ihre gezielte Vermeidung das Zusammenwohnen zur Kunst – und diese macht bekanntlich den Menschen zum Menschen (In der neuen Wohnung rinnt das Klo. Wir haben jetzt erstmal das Wasser abgestellt).

daß die Entleerung des Darms in direktem Zusammenhang mit einer erhöhten Denkleistung des Gehirns steht. Moderne Technik könnte anhand von bunten Bildern nachweisen, daß durch das Drücken im Unterleib die kreativen Zentren der Gehirnrinde eine vermehrte Aktivität aufweisen, wenn die Meßapparate nur nicht so groß wären, daß sie nicht auf die WG-Toilette passen. Wieviele Probleme dieser Welt wären längst Geschichte, wenn ihre Lösungen im Augenblick des Einfalls notiert worden wären. Ein Klo-Buch mit angebundenem Stift ist daher als Dienst an der Menschheit ein Muß in jeder WG-Toilette. Schon Goethe hat große Teile seiner „Italienischen Reise" auf Aborten geschrieben, weil die Eier im Tiramisu nicht ganz frisch waren. Ist ein Klo-Buch besonders gelungen, kann es bei Eichborn veröffentlicht werden.

Aber auch die Toilettentür ist ein idealer Platz für Lesenswertes aller Art. Die Einberufung der nächsten WG-Sitzung kann so ebensowenig übersehen werden wie die dümmsten Schreibfehler aus der Morgenzeitung, die mißratensten Bilder des Kanzlers oder der peinlichste Liebesbrief aus der Post der verreisten Nachbarn. Dazu kopierte Karikaturen und Telefongesprächskritzeleien. Ein Vorgeschmack auf die documenta XI.

Diese Art der Ausstellung hat noch einen willkommenen Nebeneffekt: Sie erhöht den Anreiz, die Zeit auf der Toilette *sitzend* zu verbringen, weil man sonst nichts lesen kann. Leider verlängert sich dadurch auch der Zeitraum, der bis zum Betätigen der Spülung vergeht. Aber hey, es gibt nicht nur schwarz und weiß auf dieser Welt.

Wo ist das Toilettenpapier? Der schönste Aufenthalt auf dem Pott findet mit dem Auftauchen eines nackten Pappröllchen ein jähes Ende. Es gibt kaum einen entwürdigenderen Anblick als halbnackte Gäste, die mit der Unterhose auf Kniehöhe verzweifelt durch die Wohnung hüpfen, um Klopapier zu finden. Das ganze bekommt eine pikante Note, wenn es sich um den süßen Nachbarn handelt, den frau gerade zum Kaffee eingeladen hat. Was also tun, damit es nicht dazu kommt.

Hier hilft die Klopfeife. An einer Schnur hängt in Reichweite des festsitzenden Gastes eine klassische Schiedsrichtertrillerpfeife. Ihr Pfiff ersetzt den lauten Ausruf „Verdammte Scheiße, das Klopapier ist alle!" und hat eine diskretere, mitunter sogar effektivere Wirkung. Vorausgesetzt, es ist jemand da, der oder die ihn hören kann. Und vorausgesetzt, es ist Ersatzpapier zur Hand. Trifft eine der beiden Voraussetzungen nicht zu, kann man auf die Pfeife pfeifen.

Besser ist es natürlich, bei den Ursachen anzusetzen. Ideal ist die Klopapierschnur. Sie hängt von der Decke und hat am Ende einen Stift, der sich querstellt, nachdem man einen großzügigen Rollenvorrat aufgezogen hat. Wird das letzte Blatt auf dem eigentlichen Klopapierhalter verputzt, ist immer eine Ersatzrolle zur Hand. Voraussetzung ist jedoch, das derjenige, der die letzte Rolle von der Schnur holt, diese auch wieder auffüllt. Stellt man nun fest, daß auch der Ersatzpapiervorrat in der Abstellkammer erschöpft ist, hat die WG wenigstens noch eine Gnadenfrist, bevor sie endgültig auf dem Feuchten sitzt. Kommt jemand seiner Nachfüllpflicht nicht nach, trillert die Pfeife. Oder es wird gehüpft.

Stehpinkeln versus Sitzpinkeln Ein klassischer Konflikt. Ein Drama von shakespearewürdigem Ausmaß. Ein Kampf, der an die Wurzeln männlichen Selbstverständnisses geht. Ein Thema, über das schon Bücher geschrieben wurden. Und zugleich ein Thema, das in der modernen WG eigentlich ausdiskutiert ist. Wir geben hier nur die drei wichtigsten Argumente für beide Formen des Urinierens wieder:

Der Stehpinkler
1. Ich stehe, also bin ich.
2. Der Mann als Jäger übt beim Wasserlassen seine Zielsicherheit und erhöht damit die Überlebenschancen seines Stammes.
3. Hätte Gott uns Männer so praktisch geschaffen, wenn es davon ausgegangen wäre, daß wir uns hinsetzen sollen?

Der Sitzpinkler
1. Im Sitzen läßt sich die Tageszeitung besser lesen.
2. In betrunkenem Zustand läßt die Zielsicherheit nach.
3. Manchmal müssen selbst wir uns hinsetzen – und dann will ich nicht in deiner Pisse hocken.

Zusammenfassend läßt sich also folgendes feststellen: Stehpinkeln ist bequem, aber out. Niemand hat auch nur die geringste Lust, die gelbe Schmiere seiner Mitbewohner wegzuwischen. Also hockt man sich hin. Keine Diskussion hier. Basta! Leser, setzen!

Altersheim der Zahnbürsten Die exponentielle Vermehrung der im Bad abgestellten Zahnbürsten gehört zu den unerklärten Phänomenen des WG-Alltags. Selbst wenn man jedem bzw. jeder WG-BewohnerIn die illusorische Zahl von vier verschiedenen und doch regelmäßigen Übernachtungsgästen zugesteht, bleibt doch mindestens eine herrenlose grüne Bürste mit verschrumpelten Borsten übrig. Erst das Wohnen in der WG macht klar, warum es so viele verschiedene Zahnbürsten gibt. Kaufen alle bei Aldi, erledigt sich dieses Argument jedoch. Was also tun mit den ausgelutschten Bürsten, deren Herkunft unbekannt ist? Vorschlag: Die optisch mundlosen Exemplare an Schnüren an die Wand hängen und den MitbewohnerInnen ein Ultimatum setzen. Wer nicht in zwei Wochen zugreift, riskiert den endgültigen Bürstenverlust oder die Freigabe zum Putz der Fahrradketten.

Der Abfluß – eine haarige Angelegenheit Es ist erstaunlich, welche Wirkung die Verbindung von Wasser und Ungewißheit über die Herkunft auf das eben noch bewunderte Haar der Mitbewohnerin haben kann. Kaum befindet sich dieses statt auf dem Kopf im Abfluß, ist der große Ekel angesagt. Denn es könnte sich ja auch um die Schamhaare des Nachbarn handeln, durch die man noch nie so gerne kraulen wollte. Diese Mischung aus Haaren, Shampoo und einer unerklärlichen schleimigen Substanz aus dem Dunkel des Abflusses pulen zu müssen, ist der Favorit unter den Beweggründen, sich sofort eine eigene Wohnung zu suchen. Ein Abflußsieb mindert zwar den Ekel nicht, verhindert aber immerhin größere Flutkatastrophen und dadurch erzwungene Chemieunfälle im Bad.

Wem gehören die 473 fehlenden Einheiten?

Vom Telefonieren, Abrechnen und der ermäßigten Grundgebühr

Es ist Monatsende und Paul ist im Streß. Daß er mit seinem Kontostand am Rande des Dispolimits laviert, ist ja schon fast Gewohnheit und läßt ihn ziemlich kalt. Wovor ihm graust, ist schlimmeres: die Telefonabrechnung. Warum mußte er nur diese Aufgabe übernehmen? Telefonabrechnung, das heißt, sich als erstes auf die Suche nach den 10 bis 15 Blättern der Telefonliste mit den notierten Einheiten der MitbewohnerInnen zu machen. Sind diese gefunden, gilt es nur noch, sie wieder in die richtige Reihenfolge zu bringen (vielleicht hätte er doch beim Aufhängen schon die Seiten numerieren sollen). Und dann: rechnen, rechnen,

rechnen. *Weil der nachlässige Gunter immer vergißt, seine Einheiten einzutragen, muß er in der Regel jede Zeile einzeln kontrollieren. Auch der Einzelverbindungsnachweis in der Telefonrechnung hat da nicht viel geholfen, er kennt ja nicht alle Telefonnummern von Gunter, Eva und dem ganzen Rest auswendig. Also auf zur Höllenfahrt mit dem Taschenrechner, geschätzte Dauer: 1 Kanne Kaffee.*

Die üblichen Regeln der WG-Telefonabrechnung sind klar: Die Grundgebühr wird auf alle Köpfe verteilt, und statt eines Anrufbeantworters hat man ja die MitbewohnerInnen. Die andere Seite der Medaille sind die lästige Abrechnung und Engpässe beim Telefonieren. Die Rechnerei läßt sich jedoch mit ein paar Tricks auf ein Minimum reduzieren.

Die High-Tech Lösung Glücklicherweise leben wir ja im Kommunikationszeitalter und sind nicht mehr auf die altmodischen Einheitenzähler angewiesen, die am Ende einer völlig verknoteten Strippe baumeln. Heute gibt es Telefone, die einen Gebührenzähler mit mehreren Gebührenkonten eingebaut haben. Jeder Bewohner hat ein eigenes Konto, auf dem Einheiten und Gesamtbetrag automatisch zusammengezählt werden. Der Clou an diesen Geräten ist: Man kann nur wählen, wenn man vorher eine Geheimnummer für das jeweilige Konto eingibt. Dadurch entfällt das peinliche: „Da habe ich wohl auf dein Konto zwei Ferngespräche geführt"; es wird nie wieder passieren, daß man „vergißt", auf das eigene Konto umzuschalten.

Diese Geräte bekommt man nicht nur bei der Telekom, sondern auch von vielen anderen Firmen. Die meisten besitzen vier Konten, was für die üblichen WGs ausreichen sollte.

Rechnen ohne Rechner Wer eine Abneigung gegen moderne Technik hat, kann sich das Leben trotzdem einfacher machen: In der unvermeidlichen Telefonliste bekommt jedes WG-Mitglied neben der Spalte für die gerade vertelefonierten Einheiten eine zweite, in der die Summe aller bis dahin verbrauchten Einheiten eingetragen wird. Man muß dann nicht immer am Ende des Monats alles zusammenrechnen, sondern hat diesen lästigen Job in schöne viele kleine Portionen an das Ende jedes Telefonates gehängt. Außerdem entfällt die dicke Überraschung beim Anblick der Rechnung am Monatsende.

ZÄHLER-STAND	DATUM	GUNTER		JOHANNA		FEHLEINHEITEN	
		EINH.	SUMME	EINH.	SUMME	EINH.	SUMME
158	Übertrag		55		91		7
160	13. 5.	2	57				
178				18	109		
183						5	12
185				2	111		
186	14. 5.	1	58				
189		3	61				
196		7	68				
198				2	113		

Es empfiehlt sich außerdem, eine Spalte für die Fehleinheiten zu machen. Es sollte zwar eigentlich nicht passieren, aber oft wird vergessen, Einheiten einzutragen. Kommt man zum Telefon und stimmt der Gebührenstand nicht mit der Liste überein, so ist als erstes ein lautes: „Wer hat als letztes telefoniert?" fällig. Bei keiner befriedigenden Antwort werden die Einheiten einfach in die Spalte der Fehleinheiten eingetragen und bei der Abrechnung auf die Grundgebühr umgelegt – oder auf den Mitbewohner mit der schlechtesten Putzbilanz!

Anschluß gesucht, am liebsten doppelt *Seit Eva einen Freund und Gunter eine Freundin in anderen Städten haben, drängt sich die Frage auf, ob es sich nicht lohnen würde, ein zweites Telefon anzuschaffen. Erst wird das als völlig übertriebener Luxus gegeißelt, doch da es vor allem abends unerläßlich geworden ist, ein Telefonat eine halbe Stunde vorher anzumelden und Anrufer es völlig aufgegeben haben, mit den WG-BewohnerInnen Kontakt aufzunehmen, findet sich doch eine Mehrheit für das zweite Telefon.*

Doch zwei Telefone können leicht zwei besetzte Telefone sein. Was also tun? An einem Anschluß hängt ein „High-Tech"-Telefon zum raustelefonieren. Der andere Anschluß ist ausschließlich für eingehende Anrufe und kurze Nottelefonate reserviert, so daß hier ein einfacher Apparat genügt. Die „offizielle" Telefonnummer der WG ist die des zweiten Anschlusses. Meistens kommt man

Der merkwürdige Anrufer

von Thomas Schmidt

Vor einiger Zeit wohnte ich in einem Wohnheim des Studentenwerks. Der große Luxus bestand darin, daß alle Zimmer ein Haustelefon hatten, so daß man umsonst miteinander reden konnte. Wie in großen Unternehmen auch hatte die Anlage aber noch weitere Vorzüge. Ertönte bei einem Anruf das Besetztzeichen, mußte man es nicht wie ein Idiot alle paar Minuten wieder probieren, sondern konnte diese Aufgabe dem Telefoncomputer überlassen. Nach Eingabe einer Codenummer sorgte der für einen automatischen Rückruf, sobald der Gesprächspartner endlich aufgelegt hatte. Das funktionierte folgendermaßen: Kaum hatte der gewünschte Teilnehmer sein Dauergespräch beendet, klingelte bei dem Anrufer das Telefon. Hob der den Hörer ab, so klingelte nun das Telefon des angerufenen Freundes. Prima Sache.

Eines Tages rief ich die Sporttutorin des Wohnheims an, um mir ein paar Skier auszuleihen. Es war besetzt. Ich wählte den Rückruf-Code und wartete. Nach einer halben Stunde hatte ich den Anruf längst vergessen und ging in die Uni. Kurz danach muß sie aufgelegt haben. Automatisch klingelte mein Telefon und nach drei Klingeltönen übernahm mein Anrufbeantworter die Angelegenheit. Nun klingelte ihr Telefon. Als sie abhob, hörte sie eine Stimme, die ihr mitteilte, sie könne gerne nach dem Piepton eine Nachricht hinterlassen. Sie war zum ersten Mal von einem Anrufbeantworter angerufen worden. Auf dem Band hörte ich ein fragendes Stöhnen und dann nichts mehr.

hier durch. Ein angenehmer Nebeneffekt: In Zeitungsannoncen – z.B. bei der Zwischen- oder Nachmietersuche – wird die andere Telefonnummer angegeben. Dann weiß man schon beim Läuten, ob es ein privates Gespräch ist, oder ob jemand wegen einer Anzeige anruft und kann entsprechend entscheiden, ob ans Telefon gegangen wird und wie man sich zu melden hat.

Neuer Mitbewohner – gleicher Anschluß Wenn die Mitbewohnerin, auf deren Namen das Telefon bisher lief, auszieht, geht man üblicherweise zur Telekom und übernimmt den Anschluß – gegen eine Gebühr von DM 50.

Dieses private Sponsoring des Telekom-Radteams kann aber auf relativ einfache Weise vermieden werden. Wichtig ist vor allem, den Anschluß nicht *gleich* zu übernehmen. Gut Ding will Weile haben. Stattdessen läßt sich der neue Mitbewohner vorerst als *weiterer* Teilnehmer unter der alten Nummer eintragen; es können nämlich mehrere Personen auf einem Anschluß gemeldet sein. Dies kostet im Gegensatz zur Ummeldung nichts und geschieht mittels eines pinken Auftragsblattes mit dem flotten Titel "Ihre Mitteilung über Änderung in der Person/Namensänderung". Nun wird gewartet und in Ruhe telefoniert. Ist nach einigen Wochen Gras über die Sache gewachsen, läßt sich der alte Mitbewohner bei der Telekom austragen (gleiches Formular wie oben) und fertig ist die Übernahme auf Raten ohne Zahlung.

Das soziale Telefon Man kann über die hohen Telefongebühren schimpfen, eines ist geblieben und sogar günstiger geworden: der Sozialtarif. Dieser reduziert die Grundgebühr von zur Zeit DM 24,50 auf DM 9. Man erhält den Sozialtarif im Doppelpack mit der Befreiung von den Rundfunk- und Fernsehgebühren. Das geht bei jedem Sozialamt, wenn die entsprechenden Voraussetzungen erfüllt werden.

Welche sind das? Es wird eine einfache Vergleichsrechnung aufgemacht. Auf der einen Seite stehen der 1,5fache Sozialhilfesatz (das macht derzeit ca. DM 810) sowie eine Kaltmiete für das eigene Zimmer oder die eigene Wohnung. Die Gegenseite ist vertreten durch das eigene monatliche Einkommen.

Ist das monatliche Einkommen kleiner als Sozialhilfe plus Miete, kann man von den Fernseh- und Rundfunkgebühren befreit werden.

Man sollte sich aber im klaren darüber sein, daß man nach so einer Aktion in den Datenbanken der GEZ (siehe WG-Lexikon) gefangen ist. Das Urteil heißt in diesem Fall: lebenslänglich.

Die konkreten Folgen sind:

• Nach Ablauf eines Jahres muß der Antrag auf Befreiung erneuert werden.

• Solange die Bedingungen für die Befreiung noch erfüllt sind, alles bestens.

• Sind sie nicht mehr erfüllt, müssen ab jetzt neben der normalen Grundgebühr fürs Telefon auch die regulären Rundfunkgebühren bezahlt werden. Besitzt man weder Radio noch Fernseher, braucht man natürlich nichts zu bezahlen. Aber die freundlichen Damen und Herren von der GEZ werden in unregelmäßigen Abständen vorbeischauen, um sich zu erkundigen, ob da nicht doch ein empfangsbereites Radio in der Wohnung steht. In so einem Fall gilt: Man muß sie nicht hereinlassen, ein Recht auf Betreten der Wohnung haben sie nicht. Sie werden aber wiederkommen.

So findig die GEZ bei der Suche nach neuen Gebührenzahlern ist, so wenig engagiert kümmert sie sich um den Wegfall alter Sponsoren. Wer also Wohnung und damit Fernsehgerät in einem Bundesland aufgibt, der sollte dies unbedingt der GEZ mitteilen. Ansonsten winkt nach einem Jahre eine äußerst reale Rechnung für ein äußerst irreales Fernsehgerät.

Daher sollte die WG vorher gründlich überlegen, ob sich der ganze Befreiungsaufwand lohnt, wenn die Grundgebühr ohnehin durch vier Bewohner geteilt wird. Andererseits: Hat man den Sozialtarif bewilligt bekommen, ist es eine Überlegung wert, ob man das Telefon nicht gleich für sich alleine nimmt – bei nur DM 9 Grundgebühr im Monat.

Der Sozialtarif wird übrigens rückwirkend ab Datum der Antragstellung bewilligt. Wenn es also länger bis zum Erhalt des Bescheides dauert, kann man sich in der Zwischenzeit darauf freuen, das zuviel gezahlte Geld gutgeschrieben zu bekommen.

3 Tage Besenkammer bei Wasser und Brot

Von Sanktionen und gegenseitiger Erziehung

Gunter ist dran mit Putzen. Doch Gunter putzt einfach nicht. Das Bad verdreckt von Tag zu Tag mehr, und der Schmutz in der Küche hat sich an die Exponentialfunktion erinnert. Abmachung in der WG ist, daß einmal pro Woche gesäubert wird, mit jeweils ein paar Tagen Toleranz. Die Putzuhr zeigt an, wer dran ist. Der Zeiger steht nun schon seit Wochen auf den Namen Gunter. Immer wieder findet der aber eine Ausrede. Kopfschmerzen, Hausarbeit, Fin-

ger verstaucht, Freundin zu Besuch, die Putzmittelallergie, der spannende Krimi. Die Unglaub-
würdigkeit kann nicht offensichtlicher sein. Paul hat irgendwann die Nase voll und nimmt
den Putzlumpen in die Hand. Wie gerne würde er diesen Gunter um die Ohren hauen ...

Das Zusammenleben funktioniert nach gewissen Regeln, und Regeln müssen einge-halten werden, sonst läuft das Spiel nicht. Was macht man aber mit denjenigen WG-Mitgliedern, die sich an diese Abmachungen nicht halten?

Wer nicht putzt, zahlt Zur Abstrafung von WG-unsozialem Verhalten können Sanktionen verhängt werden. Da die Peitsche nicht mehr ganz der Zeit entspricht, muß zunächst moralischer Druck ausgeübt werden. Hilft auch dieser nicht, führt kein Weg am Geld vorbei.

Wer mehr als dreimal ans Putzen erinnert wird und dann immer noch nicht den Feudel schwingt, muß fünf Mark in die Haushaltskasse zahlen. Und natürlich trotzdem putzen, denn nie-mand soll sich freikaufen können. Damit wird den WG-Schluffis der symbolische Tritt in den Hintern verpaßt, den sie nach eigenen Worten brauchen, um aktiv zu werden. Der nette Nebeneffekt ist die Finanzierung der nächsten WG-Fete durch die faulsten Mitbe-wohnerInnen. Das tröstet die anderen über den Dreck hinweg.

Am besten werden Sanktionen per Konsensentscheidung beschlossen. Das ganze System scheitert natürlich bei Leuten, die sich an gar keine Absprache halten, denn diese Regel lebt davon, daß sie befolgt wird.

Wer nicht zahlt, zieht aus Wenn gar nichts mehr hilft, ist dem Abtrünnigen das Ausziehen nahezulegen. Wenn er nicht freiwillig geht, wird ihm das Leben schwer gemacht – Mobbing nach Art der Wohnge-meinschaft. Doch dazu geben wir hier keine Tips.

Was dein ist, ist auch mein

Vom gemeinsamen Einkaufen, Essen und der FoodCoop

Johanna ist sauer. Eigentlich wollte sie sich gerade einen Salat machen, doch der klägliche Rest, der da in ihrem Kühlschrank liegt, hätte jeden Hamster in den Hungerstreik getrieben. Dabei hatte sie den Salatkopf doch erst Anfang der Woche gekauft. Montags war sie nicht dazu gekommen, sich Essen zu machen, Dienstag und Mittwoch geht sie sowieso immer in die Mensa, und Donnerstag hatte sie bei Gunter und Eva mitgegessen. So war die Woche vergangen und sie einfach nicht dazu gekommen, ihren Salat aufzuessen. Immerhin, da das Brot von der WG-Kasse gekauft wird, hoffte sie, damit ein Alternativprogramm fahren zu können. Nur leider hat sich Gunter vor einer halben Stunde erfolgreich über die Butter hergemacht. Ergebnis: Der Magen knurrt, der WG-Frieden ist ernsthaft in Gefahr.

Eine Szene, die sich in WGs mit schöner Regelmäßigkeit abspielt. Und keine Angst, daß man eine Vorstellung verpaßt, irgendwann ist jeder mal Hauptdarsteller. Der gemeinsame Einkauf als Lösung aller Probleme klingt verlockend. Die Frage ist nur, wieviel man gemeinsam kauft und wie langfristig ein voller Kühlschrank garantiert ist?

Die Basis oder Lieber 1 Liter frische als 3 Liter saure Milch Grundnahrungsmittel wie Brot, Butter, Salz, Zucker und Mehl bilden die Basis für die WG-Küche. Fast immer lohnt es sich, diese Lebensmittel, Putzzeug und sonstige Kleinigkeiten zusammen zu kaufen. Drei offene Päckchen Butter neben drei Flaschen Milch können nämlich ein ziemliches Problem werden, will man sie auseinanderhalten. Abgesehen davon, daß diese Dinge bei einem Ein-Personen-Verbrauch die merkwürdige Eigenschaft haben, immer dann verdorben zu sein, wenn man sie gerade nötig braucht. In so einem Fall bedient man sich ja sowieso bei den anderen, warum es dann nicht gleich offiziell machen? Bei den Putzutensilien stellt sich die Frage nach dem getrennten Einkauf ohnehin kaum, da es nur wenig Leute gibt, die Wert darauf legen, mit ihrem persönlichen Spüli abzuwaschen.

Abrechnen an der Basis Gemeinsamer Einkauf, gut und schön. Doch wie schafft man es, daß nicht einer allein für alle einkauft und auch noch zahlt? Will man nicht gleich eine gemeinsame Kasse einrichten, dann bietet sich für die Küche eine Liste an, die ungefähr so aussieht:

	MILCH	BUTTER	BROT	KLO-PAPIER	SONSTIGES
GUNTER	⊞III	II	I	II	GLÜHBIRNE 2,49
JOHANNA	III	II	⊞ I	I	PUTZZEUG 8,99
EVA	III		I		

Bei jedem Einkauf wird ein Strich in die entsprechende Spalte gemacht. So hat jeder den Überblick, wieviel er eingekauft und wo er noch Nachholbedarf hat. Weiterer Vorteil: Wer Butter in der Tankstelle kauft, zahlt auch den höheren Preis, denn jedes Produkt auf der Liste ist gleichviel wert.

In regelmäßigen Abständen (z.B. wenn die Liste voll ist) wird dann groß abgerechnet. Die Striche werden gegeneinander aufgehoben und gegebenenfalls auf eine neue Liste übertragen, der sonstige Einkauf umgelegt. Haben alle gleichviel eingekauft, muß kaum noch etwas gezahlt werden. Ansonsten können auch Produkte gegeneinander aufgerechnet werden, beispielsweise ein Brot gegen vier Milch.

Die Nutzungskoeffizienten-Variante Es ist nicht ungewöhnlich, daß unterschiedliche Bewohner unterschiedliche Lebensmittelvorlieben haben. Gunter z.B. ist ein leidenschaftlicher Milchtrinker, wie man oben sofort sieht. Milch ist aber teurer als Mineralwasser, dem Lieblingsgetränk der Rest-WG. Soll also dieser Unterschied in der Abrechnung berücksichtigt werden, behilft man sich mit „Nutzungskoeffizienten". Dieser wurde für Gunter auf $1/2$ festgelegt. Wenn er also einen Liter Milch einkauft, macht er nur einen „halben" Strich in der Liste. Damit ist sein Mehrverbrauch berücksichtigt und er kann sich gegen den Vorwurf schützen, der Rest der WG finanziere seine teure Leidenschaft mit. Sein Vorsprung beträgt im obigen Beispiel also nur noch vier Striche.

Der Überbau oder Mein Kaviar ist auch Dein Kaviar
Werden mehr als nur die Grundnahrungsmittel zusammengekauft, schafft man hiermit zur *Basis* den entsprechenden *Überbau*. Hier ist als erstes ein runder Tisch zum Thema „Einkaufsgewohnheiten" fällig. Der gemeinsame Einkauf steht und fällt mit den

Ansprüchen der unterschiedlichen Bewohner an die Qualität des Essens. Ein konsequenter Bioladen-Käufer wird wahrscheinlich immer seine Probleme haben, mit einem ebenso konsequentem Billigwaren-Käufer zusammen einzukaufen.

Hat man diese Klippen umschifft, sind gemeinsamer Haushalt und Lebensmitteleinkauf eine großartige Sache: Man kann abends nach Hause kommen und sicher sein, im Kühlschrank noch etwas zu Essen zu finden. Außerdem muß man sich nicht nach jedem gemeinsamen Kochen fragen, wer jetzt wieviel Geld ausgegeben hat, damit alles schön gerecht aufgeteilt werden kann.

Und um gleich noch einem Gegenargument den Wind aus den Segeln zu nehmen: Wenn man sicherstellen will, daß das eben gekaufte Gemüse auch am Abend noch da ist, klebt man einen Zettel dran und fertig!

Ein Fall, in dem der kulinarische Kommunismus wenig Chancen auf reale Existenz hat, sind Wohnheime, da sie in der Regel zu unpersönlich sind und zu viele Leute dort wohnen. Es gibt aber auch Wohnheim-WGs, die alles zusammen kaufen und damit sehr gut fahren. Bei so vielen Leuten gilt dann das Motto: „Egal ob du Vollkorn- oder Toastbrot kaufst, es wird in jedem Fall gegessen." Aber wie nun das gemeinsam Gekaufte geldmäßig verwalten? Hier die drei meistbenutzten Varianten:

Der freie Ausgleich Die einfachste Lösung besteht darin, daß jeder einkauft und darauf vertraut, daß sich am Ende alles wieder ausgleicht. Ein schlichtes und in seinem Idealismus eindrucksvolles Prinzip, das vor allem von kleineren WGs praktiziert wird.

Das Prinzip des freien Ausgleichs kann mitunter zu explosionsartigen Zornesausbrüchen führen. Diese klingen dann ungefähr so: „Ich habe schon den ganzen Monat beobachtet, daß du immer die billigen Sachen kaufst und mir das Teure überläßt, und jetzt hast Du schon wieder den ganzen Edel-Camembert gegessen!"

Nun muß wohl doch eine Kasse her.

Die Kaffeedose Die klassische WG-Kasse ist eine alte Kaffeedose, die auf dem Küchenschrank steht. Ist sie leer, schmeißt jeder den gleichen Betrag, in der Regel DM 10 oder 20 nach. Wer für die WG eingekauft hat, nimmt sich hinterher das entsprechende Geld aus der Kasse. Diese Dose hat eine unerklärliche Eigenschaft: Hat man sich mal aufgerafft und Großeinkauf für DM 30 gemacht, herrscht in der Kasse gähnende Leere. Also verschiebt man das Abrechnen auf später und vergißt es garantiert. Außerdem hat die WG keinen Überblick über die Einkäufe, und die Versuchung ist groß, bei persönlicher Geldnot einen tiefen Blick in die Kaffeedose zu werfen. Manch einer könnte auf die Idee kommen, sich Geld zu leihen – und vergißt dann wirklich, es zurückzulegen. Die Folge wäre ein Mißtrauen gegenüber den MitbewohnerInnen, der Schuß ginge nach hinten los.

Dann bleibt nur noch eins: aufschreiben, was man gekauft hat. Ein einfaches Heft wird in die Küche gelegt, für jeden Bewohner eine Spalte gemacht und einmal im Monat abgerechnet.

Abrechnen mit System *Eva fährt fast jedes Wochenende nach Hause, während Gunter im Gegenzug am Wochenende immer Besuch von seiner Freundin hat. Keine drei Wochen später gibt es Ärger, weil Eva nicht einsieht, genau so viel zu bezahlen wie Gunter.*

Es bieten sich zwei erprobte Systeme an: Die Mahlzeiten-Strichliste und die Fehltageliste. Beiden Systemen ist gemeinsam, daß die monatlichen Kosten für Lebensmittel und Haushalt auf die einzelnen Mitbewohner entsprechend ihrer Anwesenheit umgelegt werden. Der Unterschied liegt in der Einheit, die als Berechnungsgrundlage genommen wird: entweder einzelne Mahlzeiten oder ganze Tage.

Richtig professionell sehen die Abrechnungen natürlich mit Listen aus, die am Computer erstellt wurden. Einmal im entsprechenden Programm eingerichtet, dauert die Abrechnung von nun an maximal 15 Minuten im Monat.

Auf den folgenden Seiten werden die beiden Systeme vorgestellt. Aber warum sich die Mühe machen, die Tabellen in Heimarbeit selbst zu schneidern? Deswegen gibt's im Internet auf den Seiten des Eichborn-Verlages die kompletten Tabellen zum „runterladen". Natürlich ist auch an die gedacht worden, die selbst keinen Computer besitzen: Es gibt dort auch eine Tabelle als Vorlage für das „mit der Hand ausrechnen" (Im Internet steht aber auch nicht mehr, als auf den nächsten Seiten beschrieben wird. Man muß nur nicht alles selbst zeichnen.).

Jetzt also ein Crash-Kurs in WG-Buchhaltung. Zuerst die absolut gerechte WG-Abrechnungen als „Kochrezept" in langweiligen, drögen Worten :

Die Mahlzeiten-Strichliste Dieses System eignet sich vor allem für WGs, in denen die einzelnen Bewohner sehr unterschiedliche Tagesabläufe haben oder in denen der Freund oder die Freundin den Zweitwohnsitz hat. Der erste Eindruck, die Mahlzeitenstrichliste sei potenzierte Bürokratie, ist übrigens normal. Es sei nur eine Frage der Gewohnheit, sagen die Praktiker.

Das Verfahren ist einfach: Jede BewohnerIn macht für jede Mahlzeit einen Strich in die Zeile „Essensanzahl". Sind Gäste da, werden einfach entsprechend mehr Striche gemacht. Allerdings werden bei diesem System alle Mahlzeiten gleich behandelt, ein kleines Frühstück ist also genausoviel wert wie die Teilnahme an einem WG-Festgelage. Will man auch dies noch berücksichtigen, kann man Frühstück z.B. nur als „halbe" Mahlzeit zählen.

Kauft jemand für die WG ein, wird der entsprechende Betrag unter „Ausgaben" eingetragen. Am Ende des Monats wird dann errechnet, wieviel jedes Essen im Schnitt gekostet hat. Daraus ergibt sich, wieviel jeder der WG schuldet. Das wird dann mit dem verrechnet, was er oder sie bereits ausgegeben hat.

	GUNTER	JOHANNA	EVA	
ESSENS-ANZAHL	✝️✝️✝️ ✝️✝️✝️ ✝️✝️✝️ ✝️✝️✝️ (60)	✝️✝️✝️ ✝️✝️✝️ ✝️✝️✝️ ✝️✝️✝️ II (42)	✝️✝️✝️ ✝️✝️✝️ ✝️✝️✝️ ✝️✝️✝️ III (68)	
SUMME: [1]	60 ESSEN	42 ESSEN	68 ESSEN	GESAMT-ESSEN [3] 170
AUSGABEN	12,– 5,– 13,– 5,– 10,– 15,– 30,–	14,– 23,– 5,– 6,– 8,– 5,– 13,–	20,– 14,– 18,– 13,- 8,– 10,– 16,–	
HABEN [2]	90,–	74,–	93,–	GESAMT-AUSGABEN [4] 257,–
SOLL [6]	(60 x 1,5112) 90,70	(42 x 1,5112) 63,50	(68 x 1,5112) 102,80	
SALDO [7]	–0,70	+10,50	–9,80	WG-ESSENS-SATZ [5] 1,5112

Wie es am Tag der großen Abrechnung weitergeht, wird im Folgenden beschrieben. (Die Zahlen in eckigen Klammern in der Tabelle kennzeichnen den entsprechenden Punkt in der Anleitung.):

1. Für jede BewohnerIn die Anzahl der Essen im laufenden Monat zusammenzählen.

2. Ausgaben jedes Bewohners addieren und bei „Haben" eintragen.

3. Alle Essen zusammenzählen und bei „Gesamtessen" eintragen.

4. WG-Gesamtausgaben ausrechnen: Alle „Haben" zusammenzählen, bei „Gesamtausgaben" eintragen.

5. Preis pro WG-Essen ausrechnen: „Gesamtausgaben" durch „Gesamtessen" teilen, bei „WG-Essenssatz" eintragen.

6. Anteil jedes Bewohners an den Gesamtausgaben ermitteln: Für jeden Bewohner „WG-Essenssatz" mit „Essensanzahl" multiplizieren und in die Zeile „Soll" eintragen.

7. Für jeden Bewohner „Soll" von „Haben" abziehen und das Ergebnis bei „Saldo" eintragen.

8. Wer an wen wieviel zu zahlen hat, ergibt sich aus den Saldo-Ständen: Steht man im Minus, zahlt man den Betrag des „Saldo" an Mitbewohner mit positivem Stand.

In unserem Beispiel zahlen also Eva DM 9,80 und Gunter DM 0,70 an Johanna.

Die Fehltageliste Dieses System ist etwas einfacher, da es nur ganze Tage berücksichtigt. Nur für die Tage, an denen man *nicht* da ist, werden Striche in die Liste eingetragen. Es ist also nicht nötig, jeden Tag bis zu drei Striche zu machen. Konsequenterweise sollte man bei diesem System auch die gelegentlichen Mensa- oder Kantinenessen von der Haushaltskasse bezahlen.

In die Spalte „Ausgaben" werden die Unkosten für die BewohnerInnen direkt nach jedem Einkauf eingetragen. Die „Abwesend"-Spalte wird als Strichliste geführt; in diese kommt ein Strich für jeden Tag, den man nicht da ist. In die „Monatstage" wird die Anzahl der Tage des Monats eingetragen.

Wie man sich denken kann, sehen die Tabellen der beiden Systeme recht ähnlich aus:

	GUNTER	JOHANNA	EVA	
MONATSTAGE	30	30	30	
FEHLTAGE	(30–0)	ₕₕₜ ₕₕₜ II (30–12)	ₕₕₜ (30–5)	GESAMT-BEWOHNER-TAGE [3]
ANWESEND [1]	30	18	25	73
AUSGABEN	12,– 5,– 13,– 5,– 10,– 15,– 30,– 14,–	14,– 23,– 5,– 6,– 8,– 5,– 13,– 10,–	20,– 14,– 18,– 13,– 4,– 8,– 10,– 6,– 5,–	
				GESAMT-AUSGABEN [4]
HABEN [2]	104,–	84,–	98,–	286,–
SOLL [6]	(30 x 3,9178) 117,50	(18 x 3,9178) 70,50	(25 x 3,9178) 98,–	
SALDO [7]	–13,50	+13,50	±0	WG-TAGES-SATZ [5] 3,9178

Auch die Abrechnung ist ähnlich wie beim Mahlzeiten-Strichlisten-System (Auch hier bezeichnen die Zahlen in eckigen Klammern in der Tabelle den entsprechenden Punkt in der Anleitung.):

1. Für jeden Bewohner „Anwesend" ausrechnen: „Monatstage" minus „Abwesend".

2. Ausgaben jedes Bewohners addieren und bei „Haben" eintragen.

3. Alle „Anwesend" zusammenzählen, bei „Gesamtbewohnertage" eintragen.

4. Alle „Haben" zusammenzählen, bei „Gesamtausgaben" eintragen.

5. Jetzt werden die Kosten pro Bewohner und Tag ausgerechnet:

„Gesamtausgaben" durch „Gesamtbewohnertage" teilen, bei „WG-Tagessatz" eintragen.

6. Der Anteil jedes Bewohners an den Gesamtausgaben errechnet sich wie folgt: „WG-Tagessatz" mit „Anwesend" multiplizieren und in die Zeile „Soll" eintragen.

7. Für jeden Bewohner „Soll" von „Haben" abziehen, bei „Saldo" eintragen.

8. Wer an wen jetzt wieviel zu zahlen hat, wird auch hier aus den Saldoständen errechnet: Steht man im Minus, zahlt man den Betrag des „Saldo" an die Mitbewohner mit positivem Stand. In diesem Beispiel muß nur Gunter an Johanna 13,50 zahlen.

Wer schenkt WG Kühlschrank?

Vom schnellen Weg zum Glück, dem geschenkten Gaul und einer wirkungsvollen Anzeige

Alle schönen Zeiten gehen mal zu Ende. Auch der gemeinsame Lebensabschnitt, den man zusammen mit dem guten alten AEG-Herd verbracht hat. Da die Beziehung zwischen Herd und WG in der letzten Zeit immer mehr von Enttäuschungen geprägt ist, entschließt man sich schweren Herzens zur aktiven Sterbehilfe. Die Fahrt zum Schrottplatz hinterläßt vor allem ein Loch in der Küche und die Frage, wer eben mal ein paar hundert Mark für einen neuen Herd lockermachen kann.

Der Weg zum Glück führt aber nicht immer übers Geldausgeben. Eine kleine Anzeige mit dem Text „Wer schenkt Studenten-WG funktionierenden Herd" kann in kürzester Zeit zu einem guterhaltenen, sauberen Luxusherd führen.

Das funktioniert auch mit Kühlschränken und sonstigen Wohnungseinrichtungen und ist außerdem ein aktiver Beitrag in Sachen Umweltschutz und Müllvermeidung. Viele Leute kaufen sich neue Dinge, obwohl die alten eigentlich noch zu gut sind, um sie wegzuwerfen. Wer sagt schon nein, wenn man seinen Mitmenschen eine Freude bereiten kann und diese auch noch vorbeikommen und die Sachen abholen.

Diese Art „einzukaufen" ist aber nur für den geeignet, dem es keine Mühe macht, am Telefon zu sitzen und aus dem Überangebot schrottreifer Sofas, die mitfühlende Menschen verschenken wollen, das Richtige rauszufischen. Unser Tip: Einfach mal ausprobieren.

Keine Zeitung am Morgen, der Tag voller Sorgen

Von Patenschaftsabos, Zeitungsdieben und dem 14-Tage-Probelesen

Ein Morgen ohne Zeitung, das ist für die einen kein Morgen, für die anderen das Normalste der Welt. Sollte sich eine WG gemeinschaftlich zu der zweiten Gruppe zählen, dann kann dieses Kapitel getrost übersprungen werden.

Wohnen im Zeitungsparadies Es ist der ewige Konflikt aller ZeitungsleserInnen: Soll das Lokalblatt abonniert werden, weil man doch wissen will, was um einen herum passiert, oder doch die große überregionale Zeitung, die auch mal einen Hintergrundbericht bringt und einen Kommentar zum Weltgeschehen? In der WG wird aus dieser Qual der Wahl die pure Lust an der Vielfalt. Denn wenn viele eine Zeitung lesen, dann wird sie nicht schlechter (und landet ja eh nach einem Tag im Müll), sondern billiger. Und wenn ein Abo billiger wird, kann man sich gleich ein paar weitere leisten.

So kriegt die interessierte WG viele Zeitungen zum Preis von einer. *Hinterwäldler Kurier*, *Süddeutsche* und *taz* für den Morgen, den *Spiegel* für den Abend und *Die Zeit* fürs Wochenende. Paradiesisch: Jeder zahlt eine und liest alle. So spart man in der WG zwar kein Geld, ist aber informiert bis über beide Ohren.

Doch es geht auch umgekehrt: Ein Jahr lang jeden Morgen eine Zeitung und das ganz umsonst. Wie? In einer Fünfer-WG mit der Formel:

$$5 \times 5 \times 2 = \text{ein Jahr Zeitung gratis}$$

Mittlerweile bietet jede halbwegs ernstzunehmende Zeitung die Möglichkeit an, sie für zwei Wochen ganz unverbindlich zu testen. Ohne etwas zu bezahlen selbstverständlich. Nimmt man nur fünf Tageszeitungen, kann man sich auf diese Weise als WG ein ganzes Jahr informieren und zahlt dafür nichts. Reihum werden die Probeabos von den MitbewohnerInnen bestellt, wobei lediglich etwas Koordination nötig ist, da zwischen Bestellung und Lieferung schon mal ein paar Wochen vergehen können.

Es ist jedoch zu beachten, das aus dem Gratis-Abo ein richtiges Abonnement mit oft bis zu einjähriger Kündigungsfrist werden kann. Ist die Zeitung gut, vertraut sie darauf, daß überzeugte LeserInnen mündig genug sind, über den Weiterbezug selbst zu entscheiden. Dann hört das Probeabo einfach auf. Sind das Blatt und seine MacherInnen von sich nicht so überzeugt, muß man mit einer Postkarte das Desinteresse am weiteren Bezug deutlich machen. Hier hoffen die Verlage auf die Trägheit der Masse, die sich dann irgendwann unverhofft einer Jahresrechnung gegenübersieht.

Bestellen kann man per Post, per günstiger 0180- oder kostenfreier 0130-Nummer (unter 0190 werden Zeitungen seltener angeboten, eher schon vorgelesen) oder mittlerweile auch vielfach im Internet: Die Adresse ist meist einfach http://www., der Name der Zeitung und der Zusatz .de (bespielsweise: *http://www.taz.de* für die *tageszeitung*).

Komplizierter ist es bei zwischengeschalteten Vermittlern, die sich beispielsweise besonders um verbilligte Studienabos kümmern. Zwar bieten sie ein reichhaltiges Angebot an verschiedenen Publikationen, doch geht hier die Probephase regelmäßig nahtlos in ein echtes Abo über und es dauert oft länger, bis die erste Zeitung im Kasten ist. Direkt beim Verlag geht es meist schneller und ist genauso billig.

Was für Zeitungen gilt, trifft ebenso auf Magazine jeder Art zu. Auch hier freuen die Verlage sich über Testabos und werfen meist auch noch mit kleinen, wertlosen, aber manchmal witzigen Werbegeschenken um sich.

Billiger lesen Hat man die ewige Zeitungswechselei irgendwann satt, ist der Weg frei für ein richtiges Abo. Hier sind Studierende und Auszubildende klar im Vorteil. Denn für sie wird es nochmal billiger. Fast alle Verlage bieten für ihre Produkte spezielle Ermäßigungen an, die gut und gerne 30 % betragen können. Die Zeitung ist dann nicht nur morgens im Kasten, sie ist auch deutlich billiger als am Kiosk. Auch hier gilt: Lieber direkt beim Verlag bestellen. Auch wenn es anders scheint, die Ermäßigungen kommen nicht von dem, der sie am lautesten und mit den meisten Handzetteln in der Uni anpreist, sondern vom Verlag selbst. Und der ist meist viel flexibler, wenn es um die Ab- oder Umbestellung des Abos angeht. Auch Unterbrechungen während der Urlaubszeit sind oft problemlos möglich.

Werbung, mit der man Staubsaugen kann oder Wie man die Zugabeverordnung umgeht Kommt man nicht mehr an die ermäßigten Abos ran, gibt es als Trost einen Staubsauger. Oder einen Hartschalenkoffer. Oder eine Kaffeemaschine. Oder einen Schraubbohrer. Oder eine Nudelmaschine. Dies sind die Standard-Werbeprämien, wie sie fast alle Verlage für die Vermittlung eines Neuabonnenten anbieten. Drei Haken hat die Sache allerdings.

1. Meistens schließen sich Ausbildungsermäßigung und Prämie aus. Das halbe Hemd gibt der Verlag her, nicht aber das ganze. Hier muß also abgewogen werden: Wert und Nutzen der Prämie gegen Mehrzahlung.

2. Regelmäßig gibt es Mindestabozeiten, die schon mal zwei oder drei Jahre betragen können, wenn die Geschenke entsprechend wertvoll sind. Wegen des steten Wechsels in einer WG kann das schwierig sein, denn die Nachmieter müssen mitspielen. Immerhin sollte die Küchenmaschine wenigstens so lange halten, und ein Staubsauger wird auch von den Nachmietern gern genutzt. In jedem Fall sollte hier eine Vereinbarung getroffen werden, damit nicht ein Einzelner das Abo bezahlen muß, von dem alle profitieren.

3. Die deutsche Zugabeverordnung. Dies ist ein Gesetz aus den dreißiger Jahren, über das man in anderen Ländern nur den Kopf schütteln würde. Sinn des Werkes: Damit die armen Verbraucher wirklich nur kaufen, was sie brauchen, und sich nicht durch kleine Beigaben beeinflussen lassen, werden – anders als der Name es suggeriert – keine Zugaben verordnet, sondern *untersagt* (Einen Plastikkasten für die Zeitung mit Namensaufdruck läßt das Gesetz aber ebenso zu wie einen billigen Füller oder den berühmten Schlüsselanhänger). Das Dumme ist nur, daß die Verbraucher sich beeinflussen lassen möchten. Wenn sie Zeitung *und* Brotmaschine bekommen können, dann nehmen sie gerne beides. „Geht aber nicht", bestimmt das Gesetz grimmig. „Geht aber doch", flüstern die Verlage verführerisch. Sie vergeben einfach Werbeprämien an Dritte. Das ist erlaubt. Dem Gesetz ist somit genüge getan, obwohl jeder weiß, wo der Staubsauger letztlich saugt – nämlich dort, wo auch die Zeitung gelesen wird. Denn die Dritten brauchen nicht einmal selbst Abonnenten sein. Sie müssen in vielen Fällen nicht einmal in einem anderen Haushalt wohnen und können sogar Verwandte sein. Her mit der Zugabe also.

Der klügste Kopf hat einen Paten Wenn die Küche bereits perfekt ausgestattet, das Kontingent an Probeabos erschöpft und die WG den steten Wechsel der Morgenzeitung leid ist, dann bleibt neben dem bezahlten Abo nur noch ein Weg, der allerdings in eine (politische) Richtung führt, die nicht jedem zum Frühstück schmecken wird. Denn billiger noch als Ermäßigung oder 2-

Wochen-Probeabo ist das Abo zum Nulltarif. Gibt es nicht? Gibt es doch! Davon machen aber nur die „klügsten Köpfe" hinter der *Zeitung für Deutschland* Gebrauch, die mit diesem Spruch wirbt. Potente Geldgeber (Paten) sorgen hier dafür, daß für interessierte LeserInnen, denen das Geld für ein Abo fehlt (zumeist Studierende), ein Gratis-Abonnement bereitgestellt wird. Das heißt dann „Patenschaftsabo" und wird auf formlosen Antrag (einfach Brief an den Verlag, mit kurzer Begründung, warum man lesen will, aber nicht zahlen kann) für ein halbes Jahr gewährt.

Kleine Leserauslese So unterschiedlich die Zeitungen sind, so verschieden sind ihre LeserInnen. Grob kann man drei Gruppen unterscheiden, die sich besser nicht beim Frühstück begegnen.

DIE MORGENMUFFEL: Sie kriegen morgens den Mund nicht auf, bis sie nicht ihre geliebte Zeitung durchgeblättert haben. Sie sind glücklich über jede nicht erfolgte Störung während der Lektüre. Finden sie allerdings einen Artikel besonders bemerkenswert oder besonders dämlich, zögern sie nicht, diesen mit einem Kommentar versehen laut der Frühstücksrunde zu verkünden. Sie wollen damit aber kein Gespräch anregen, sondern versinken sofort wieder in ihrer Lektüre.

DIE GUTGELAUNTEN FRÜHAUFSTEHER: Sie können nicht weiterschlafen und brauchen auch keine Zeitung, weil es doch noch soviel aus ihrem eigenen interessanten Leben zu erzählen gibt. Sie kriegen den Mund nicht zu und sind völlig unbeeindruckt davon, daß ihr Gegenüber ohne Reaktion weiter angestrengt in den Sportteil guckt. Jedes „Öh" oder „Hm" nehmen sie als Beweis dafür, daß ihre Geschichten gehört und geliebt werden. Sofort erzählen sie noch eine.

DIE KLOLESER: Im Laufe des Zusammenlebens entstandene Absplitterung der ersten Gruppe, die zu oft auf VertreterInnen der zweiten Gruppe getroffen ist. Die meist männlichen Kloleser nehmen die Zeitung mit auf die Toilette und bleiben dort mindestens zwanzig Minuten, für sie die schönsten des ganzen Tages.

Alle wissenschaftlichen Versuche, ein gemeinsames Frühstück mit Angehörigen aller drei Gruppen zu organisieren, sind bisher fehlgeschlagen. Es bleibt also auch diesem Ratgeber nichts anderes übrig, als die wichtigsten Regeln für ZeitungsleserInnen zu nennen, damit es wenigstens bei einem friedlichen Frühstück bleibt:

• Die Zeitung besteht aus verschiedenen Teilen, die auch als solche gelesen werden. Sie sind niemals ineinander zu verschachteln.

• MitbewohnerInnen, die das Feuilleton blockieren, weil sie den Fortsetzungsroman lesen, werden leicht zum Gegenstand nicht jugendfreier Phantasien ... wegen der Gewaltszenen.

• Die erste Seite ist nicht die fünfte. Wer die Zeitung schon umschlagen muß, um sie in der Hand halten zu können, sollte diesen Vorgang unbedingt rückgängig machen, bevor es die Zeitungsfanatiker merken.

• Die Tageszeitung ist bis zum Abend aktuell, das Feuilleton gar bis zum Wochenende. Beides gehört vorher weder in den Papiermüll noch als Verpackungsmaterial für Geschirr in die Umzugskiste noch in den für den Baggersee gepackten Rucksack.

• Auf der Rückseite des ausgeschnittenen Artikels ist immer der interessanteste Bericht von der Snowboardmesse, auf den sich der WG-Sportler schon den ganzen Tag freut.

Der Blick in den leeren Briefkasten Gleich nach der Telefonwerbung und den Feiertagen in anderen Bundesländern rangieren auf der Beliebtheitsskala der ZeitungsleserInnen die morgendlichen Zeitungsdiebe. Letztere leben gefährlich. In der Phantasie haben ihre Opfer sie bereits mehrfach anstelle der Zeitung durch den Briefkastenschlitz gestopft. Was tun? Gutgemeinte Hinweiszettel, auf eine Briefkastenklappe geklebt, führen selten zum erhofften Ergebnis. Zum gruppendynamischen Erlebnis wird dagegen die Nachtwache im alten VW-Bus auf der anderen Straßenseite. Man kann sich die Zeit damit vertreiben, sich auszumalen, was man mit dem Zeitungsdieb macht, wenn man ihn endlich erwischt. Lebt man in einem Wohnheim, reicht es meist schon, wenn man allen Freunden erzählt, man wisse, um wen es sich handelt und wolle der Person nur noch eine letzte Chance geben. Käme die Zeitung noch einmal weg, würde man sich persönlich für einen Rausschmiß einsetzen. Daß dieses Bluffen meistens zum Erfolg führt, sollte einem bezüglich seiner „Freunde" allerdings etwas zu denken geben.

Zimmer frei – aber nicht für dich

Von der Nachmietersuche, den perfekten Mitbewohnern und der Wahl der Qual

Was für eine erlösende Wirkung doch eine Wohnungstür haben kann, die ins Schloß fällt. Nach dem „Klapp" noch ein paar Schritte im Treppenhaus, dann ist Ruhe. Alexandra ist gegangen – es kann losgehen.

Gunter findet, daß sie zu verkrampft war. Björn meint, daß sie gut aussieht, das auch weiß und damit spielen würde. Johanna könnte sich vorstellen, mit ihr zu leben, und Eva findet sie „ganz nett", nicht mehr, nicht weniger.

Die WG ist wieder unter sich. Eine halbe Stunde hatte Alexandra auf dem heißen Stuhl in der Küche gesessen. Im Nacken die Umzugskartons der Vormieterin und vor sich das höchste Gericht: Gunter, Eva, Björn und Johanna.

In ihrem Leben hatte Alexandra bestimmt schon angenehmere Zeiten verbracht. In der WG, bei einer Tasse Kaffee, wurden bedeutungsvolle Fragen an sie gestellt. Was sie „so" mache, ob sie gerne ausgehe oder abends lieber zu Hause bleibe, ob sie ihr Gemüse auch auf dem Markt kaufe, weil das ja „aus der Region ist" und ob sie den Müll runterbringen würde, wenn sie „dran" wäre. Sie hatte sich bemüht, auf alle Fragen die richtigen Antworten zu geben – ohne sich dabei zu sehr anzubiedern.

Nun ist sie also weg und der eigentlich schwierige Teil beginnt. Fünf Frauen haben sich vorgestellt, alle wollen gerne einziehen. Jetzt gilt es, in der WG eine Entscheidung zu treffen. Wer wird das Rennen machen?

Die Nachmietersuche ist eines der schwierigsten, aber auch spannendsten Dinge im Leben der Wohngemeinschaft. Schwierig, weil man innerhalb einer halben Stunde herausfinden muß, ob der oder die sich Bewerbende in die WG paßt – die Folgen von Fehleinschätzungen sind nur schwer zu korrigieren. Spannend, weil auf der Bühne der WG-Küche immer wieder Stücke gespielt werden, die beste Realsatire sind.

Welcher Stellenwert dem Vorstellungsgespräch seitens der WG gegeben wird, ist sehr unterschiedlich. In manchen WGs reicht es aus, sich das Zimmer kurz anzusehen. Die WG-BewohnerInnen, die gerade da sind, entscheiden dann, ob eingezogen werden darf oder nicht.

In vielen WGs ist das aber nicht ganz so einfach. Wer dort einziehen will, muß erst eine persönliche Vorstellung hinter sich bringen. Außerdem werden sehr viel höhere Maßstäbe an die potentiellen Mitbewohner angelegt. Das ist verständlich: Es ist ja fast nie ein bloßes Wohnen in der gleichen Wohnung. Man teilt sich die Küche, das Bad und ist auf gegenseitige Rücksichtnahme angewiesen. Das Gleichgewicht des Zusammenlebens ist immer ein labiles, das entscheidend von der Zusammensetzung der BewohnerInnen abhängt.

Es gibt aber auch WGs, in denen die Auswahlgespräche an moderne Assessment-Center erinnern. Das Vorstellungsgespräch gleicht der Bewerbung um den Job des Lebens. Ob man sich so einer Tortur unterwerfen will, bleibt jedem selbst überlassen.

Wer paßt zu uns? Die Auswahl des richtigen Nachmieters verhilft den eigenen Vorurteilen zu voller Blüte: 19jährige haben nur Parties im Kopf und mit 30 steht man sowieso schon mit einem Bein in der Grube bzw. in der Tür, die in die Spießigkeit führt. Studierende hängen nur rum, und Berufstätigen ist das WG-Leben egal. Dennoch ist der Konflikt von Generationen und Lebensformen ein nicht zu unterschätzender Faktor. Wie unterschiedlich dürfen die Leute sein, die gemeinsam unter einem Dach wohnen?

Der Unterschied zwischen einem Erstsemester und einem 14-Semester ist sicherlich groß, aber nicht unüberwindbar. Weit mehr Schwierigkeiten gibt es, wenn die einzelnen Bewohner zu unterschiedliche Tagesrhythmen haben, die Krankenschwester nach dem Nachtdienst am späten Vormittag schläft, der Zimmernachbar aber grundsätzlich nur bei lauter Musik lernen kann. Gibt es besondere Zeiten, in denen sich das soziale Leben wie das gemeinsame Kochen vornehmlich abspielt, sollte dies bei der Zimmerbesichtigung erwähnt werden: Muß nämlich die frisch eingezogene Mitbewohnerin im Zimmer neben der Küche abends lernen und wird dort regelmäßig um diese Zeit gekocht, sind die Schwierigkeiten vorprogrammiert.

Das Leben in einer WG ändert sich mit jeder neuen BewohnerIn, neue Ideen kommen dazu oder Altes wird in Frage gestellt. Gerade diese Vielfalt ist es, die das Besondere vieler WGs ausmacht. Das heißt aber auch für die AltbewohnerInnen, sich immer Offenheit zu bewahren.

Die Art des Einladens und Zimmerbesichtigens hängt meist davon ab, wie sehr die WG eher zweckorientiert oder familienorientiert ist. Die einen werden nur kurz das Zimmer zeigen, bei den anderen wird man sich Zeit für ein ausführliches Vorstellungsgespräch nehmen.

Wie sucht man NachmieterInnen? Der gängigste Weg, zu einem neuen WG-Mitglied zu kommen, ist die lokale Zeitung oder das Anzeigenblatt.

Ob man eine Anzeige aufgibt oder selbst in die Zeitung schaut, ist Geschmacksache. Die eigene Anzeige erspart die Arbeit, Leute anzurufen. Nur darf man dann nicht überrascht sein, wenn das Telefon die nächsten Wochen zeigt, wie schön es klingeln kann.

Antwortet man hingegen auf Anzeigen, so kann beim Lesen schon eine gewisse Vorauswahl getroffen werden. Es werden nur noch die Leute angerufen, die sich einigermaßen erfolgversprechend anhören. Dies gilt natürlich auch für Zettel, die an der Uni oder sonstwo ausgehängt werden.

Ein weitere Möglichkeit ist der Weg über Zimmervermittlungen, wie sie vom Studentenwerk, dem AStA oder den Mitwohnzentralen angeboten werden. AStA und Studentenwerk verlangen in der Regel nichts oder nur eine Bearbeitungsgebühr für die Vermittlung. Es lohnt sich immer, dort anzufragen. Die Mitwohnzentrale ist so etwas wie ein Makler für WG-Zimmer. Oft werden dort auch Zimmer auf Zeit – für ein halbes oder ein Jahr – angeboten. Nachteil: Auch die Vermittlungsgebühr liegt im Maklerbereich.

Die klassischen Wohnungsmakler sind für Angebot oder Suche von WG-Zimmern meist uninteressant. Sie vermitteln ganze Wohnungen oder Häuser, außerdem wollen WGs in der Regel selbst entscheiden, wer bei ihnen einzieht.

Aber auch bei der Zimmersuche geht nichts über Vitamin F – die Suche im Freundeskreis. Für beide Seiten bietet es den großen Vorteil, daß man sich meist schon ein bißchen kennt. Zumindest kann aber grob abgeschätzt werden, auf was man sich einläßt.

Wie und wann wird eingeladen? Will man also das Zimmer nicht „einfach so" weitervermieten, sondern die zukünftigen MitbewohnerInnen erst einmal unter die Lupe nehmen, stellt sich die Frage, wie sich die Auswahl am besten organisieren läßt.

Natürlich kann man die KandidatInnen einfach an einem Nachmittag vorbeikommen lassen. Das kann aber unübersichtlich werden, wenn mitunter vier Zimmersuchende und drei Bewohner am Küchentisch sitzen und keiner mehr weiß, wer wer ist.

Eine andere Variante sind einzelne Vorstellungsgespräche im Halbstundentakt. Zwei Dinge können hier das ausgeklügelte System durcheinanderbringen: Zuspätkommer und Nichtkommer. Die Zuspätkommer sind ärgerlich, weil dann zehn Minuten später schon die Nächsten da ist und man sich dann mit einer gemeinsamen Vorstellungsrunde herumschlagen muß. Es gibt bei

Das kollektive Kreuzverhör

von Alex Textor

Vor einiger Zeit war ich auf Zimmersuche. Aus der alten Wohnung mußten wir ausziehen, weil die Vermieterin Eigenbedarf für ihre Tochter angemeldet hatte. Es war traurig, die sehr schöne helle Wohnung verlassen zu müssen, waren wir doch auch eine gut eingespielte WG. Ich hatte keinen Bock auf Zimmersuche. Doch was half es? Die Zeit zum Suchen war mies, die Lage auf dem Zimmermarkt sehr angespannt. Viele Leute nahmen unakzeptable Zimmer, um überhaupt etwas zum Wohnen zu haben. Bei der Zimmersuche passierte mir diese seltsame Geschichte, von der ich erzählen will.

Ich stehe vor der Wohnungstür und klingele. Man hatte mich auf fünf Uhr nachmittags bestellt. Hinter mir höre ich im Treppenhaus Schritte, während vor mir eine Frau im Bademantel die Tür öffnet und mich mit den Worten „Bist du aber süß" hereinbittet. In der Küche sitzen fast ein Dutzend Leute dichtgedrängt um einen großen Tisch. Sie begrüßen mich flüchtig, einer fragt nach meinem Namen, der dann von ihm auf einer Liste gesucht und gefunden wird. Eine andere zeigt auf einen von zwei freien Stühlen. Schnell erkenne ich die Unterschiede in der anfänglich unübersichtlichen Ansammlung von acht Leuten: Einige sitzen entspannt und lässig auf ihren Stühlen und haben angesteckte Namensschilder, während andere nervös wirken. Eine zittert sogar merklich. Die Schritte von der Treppe gehören zu einer weiteren Zimmersucherin, die nun auf dem letzten freien Stuhl neben mir Platz nimmt. Mir wird plötzlich klar: Diese Fünfer-WG hat sich fünf Suchende gleichzeitig zum Zimmerzeigen und Interviewen eingeladen. Peter eröffnet die Runde: „Ihr wollt euch also unser Zimmer anschauen … nun gut", und mit einem Grinsen fährt er fort: „Da wollen wir uns doch erstmal ein bißchen kennenlernen!" Helen stellt schon die erste Frage an uns irritierte Gäste: „Schaut euch mal das Poster an der Wand an, und dann erzählt, was ihr mit dem Bild assoziiert." Ich fühle ein Unbehagen, nicht nur bei mir. Doch der erste Besucher legt los, beschreibt einfach das Bild. Horst zieht die Augenbrauen in die Höhe, Christiane fällt ihm ins Wort. „Der Nächste bitte." Eine jung aussehende Frau stammelt etwas von „das erinnert mich an meinen Klinikaufenthalt". Dann bin ich an der Reihe: „Ich habe meine Freundin beim Kauf genau dieses Posters auf einem Flohmarkt kennengelernt und …" „Wie war dann die Nacht?" fällt mir Nadja, die Bademantelfrau, ins Wort. Mir fehlen die Worte.

Als nächstes schlägt Horst einen Spültest vor. Wer hier einziehen wolle, müsse sauber spülen können. Doch Helen bemerkt, daß gar kein schmutziges Geschirr da sei. Schallendes Gelächter auf der WG-Seite. „War ja nur ein Scherz", meint Horst. Woraufhin Peter eine Diskussion über Horkheimer und Adorno anzettelt und von uns den Unterschied zwischen der Multipolarität des Seins und der Negierung des Selbst hören will.

Das Zimmer haben wir immer noch nicht gesehen. Die persönliche Vorstellungsrunde beginnt. Jeder stellt sich der Reihe nach vor. Doch zum Ausreden kommt man meist nicht. Die Krankenschwester wird nach ihren Affären mit Ärzten gefragt. Der Germanistikstudent soll ein Gedicht vortragen. Die Jurastudentin muß sich die Frage „Kannst du eigentlich putzen?" anhören. Ich werde auf meine Bekannten angesprochen und wie oft ich so Besuch bekomme. Mir wird schlecht bei dem Gedanken, mit diesen Typen eine Wohnung zu teilen.

Dann endlich können wir uns das Zimmer ansehen. Kaum umgeschaut, erklingt Christianes Stimme wie aus einem Hinterhalt: „Und ihr wollt das Zimmer wirklich haben?" Mir reicht das Verhör. „Das Zimmer würde ich schon nehmen, aber vorher müßtet ihr alle ausziehen." Dann nehme ich meine Jacke und verlasse grußlos die Wohnung.

der Nachmietersuche kaum schlimmeres, als die unmittelbare Konkurrenzsituation zwischen zwei oder mehr Bewerbern. Daher der Tip, den Zeitplan strikt einzuhalten und die unpünktlichen Leute rauszuschmeißen, sobald die Zeit um ist. Bei der Terminabsprache sollte gleich darauf hingewiesen werden, daß die BewerberInnen absagen sollen, wenn sie es sich anders überlegt haben.

Es wird oft passieren, daß nach fünf Minuten für alle Beteiligten klar ist, daß der oder die Zimmersuchende das Zimmer nicht bekommen wird. Die WG-Mitglieder kennen sich gut genug, um zu merken, daß es bereits unausgesprochener Konsens ist, daß er oder sie ganz sicher nicht in die WG paßt. Oder aber dem Zimmersuchenden selbst ist klar, daß ihm das Zimmer nicht gefällt oder sie sich das Zusammenleben ganz anders vorgestellt hat. Da dies kaum jemand direkt sagen mag, wird die halbe Stunde aus Höflichkeit durchgezogen — politisch korrekt, aber für beide Seiten vermeidbarer Streß.

Deswegen hier

Das 3 Stufen-Auswahl-System Am Telefon wird das Gröbste abgeklärt (Stufe 1): Möglicherweise ist den Leuten das Zimmer sowieso zu klein, zu laut, zu blau usw.. Vielleicht paßt auch der Bewerber von vornherein nicht zur WG, etwa weil er raucht, zu alt ist oder eine Allergie gegen die WG-Katze hat. Für wen das Zimmer dann immer noch in Frage kommt, der soll vorbeikommen und sich das Zimmer anschauen (Stufe 2). Dazu müssen in der Wohnung ja nicht alle Mitglieder anwesend sein. Wer da ist, zeigt das Zimmer, erzählt von der WG und den Lebensgewohnheiten und entscheidet dann, ob der/die Suchende eingeladen wird zur Endauswahl (Stufe 3). Hier kommen nur noch die Leute, bei denen klar ist, daß sie das Zimmer auch wirklich wollen und nicht beim Reinschauen schon feststellen, daß ihnen irgendwas nicht paßt. Jetzt kann man sich gemütlich bei einer Tasse Tee unterhalten und abklären, ob es eine gemeinsame Zukunft gibt.

Was ist zu beachten beim Auswahlgespräch? Pauschal kann man das nicht beantworten, aber es gibt einige Dinge, die abgeklärt werden sollten. Neben eher formalen Themen wie Miethöhe, Verantwortung für den gemeinsam genutzten Bereich, gemeinsames Telefon etc. gibt es ein paar Fragen, die nicht vergessen werden sollten:

• Will der/die Neu-Einziehende unter ähnlichen Bedingungen wohnen wie die jetzigen Bewohner? Eine Frage, die für alle wichtig ist. Oft gibt es differenzierte und bewährte Systeme der Haushaltsführung, von denen sich die WG nur ungern trennen möchte.

• Will man Lebensmittel zusammen einkaufen? Falls ja, existieren ungefähr die gleichen Vorstellungen, wo und wie dies getan werden soll (Markt versus Billig-Discounter)?

• Wie liegt das Zimmer in der Wohnung in Relation zu den Aufstehgewohnheiten des Neumitbewohners? Früh ins Bett gehen müssen und neben der Küche wohnen ist eine schlechte Kombination, wenn dort abends gerne noch mal bei drei Gläsern Wein über Marx und Schäuble diskutiert wird.

• Lacht man über die gleichen Dinge? Das klingt wie eine Nebensächlichkeit, doch wenn der Bewerber beim Vorstellungsgespräch auch beim dritten Witz immer noch keine Miene verzieht, dann sollte aufgepaßt werden. In der Art des Humors spiegelt sich viel von der Persönlichkeit wider, und wenn der Humor nicht paßt, sind auch die Persönlichkeiten häufig inkompatibel.

Der ideale Zwischenmieter Wenn man vier Wochen in den Urlaub fährt, ist das Geld meist knapp. Warum soll dann noch Miete für das heimische Zimmer bezahlt werden, wenn es in dieser Zeit sowieso nur als Abstellkammer dient?

Die Zwischenvermietung ist eine relativ einfache Möglichkeit, ohne großen Aufwand etwas Geld zu bekommen. Ein paar Dinge sollten aber auch hier beachtet werden:

• Immer die ganze Miete im Voraus bezahlen lassen. Wer ganz sicher gehen will, nimmt noch eine Kaution. Denn sollte es irgendwelche Schäden im Zimmer geben oder fehlt gar die Stereoanlage, ist es gut, wenigstens etwas in der Hand zu haben.

• Auch bei der Zwischenmiete empfiehlt sich eine kurze Vorstellung, denn man will es sich mit den MitbewohnerInnen nicht verderben – und die müssen schließlich mit dem Zwischenmieter auskommen.

• Zur Orientierung kann man ein ausführliches Merkblatt für den Kurzzeitbewohner schreiben, in dem steht, was wie in der WG geregelt ist. Das ist aber aufwendig und umständlich. Besser ist es jedoch, einen Mitbewohner zu ernennen, der für die Betreuung des Zwischenmieters verantwortlich ist. Je nach Situation in der WG und der Bewohner kann das auch gegen Mietbeteiligung sein. Das ist vor allem deswegen wichtig, weil bei der dritten Zwischenmieterin die Geduld der WG erschöpft sein wird, die immer wieder gleichen Fragen zum täglichen Leben zu beantworten.

Wie verkauft man sich am besten beim Vorstellungsgespräch?

Die Nachmietersuche hat auch eine komplementäre Seite, die des Zimmersuchenden. Egal welches Auswahlsystem sie oder er durchläuft, irgendwann kommt es zur entscheidenden Gesprächsrunde mit den WG-BewohnerInnen. Wie sollte man sich nun verhalten?

Wie so oft, klappen die entscheidenden Dinge immer dann am besten, wenn man eine gewisse Lockerheit hat, sich nicht *zu sehr* um das Zimmer bemüht. Anbiedern kommt immer schlecht an! Zu cool sein aber auch. Eine gute Kontrolle ist die Vorstellung, man stünde sich selbst gegenüber. Würde man sich tatsächlich auswählen? Es ist eine Gratwanderung zwischen diesen beiden Extremen, die auch von Vorstellungstermin zu Vorstellungstermin unterschiedlich sein wird. Denn last but not least ist allen Beteiligten klar, das man in einer halben Stunde Teetrinken nur einen ersten Eindruck bekommen kann. Diese halbe Stunde wird die Entscheidungsgrundlage bilden. Aber erfahrungsgemäß geht dieser erste Eindruck nicht allzu weit an der Realität vorbei.

Außerdem geht es nicht nur um ein Zimmer, sondern um das Leben mit den MitbewohnerInnen. Verstellt man sich bei der Vorstellung, kommt es später zur bösen Überraschung. Ist man dagegen so natürlich wie möglich, dann sollte bei erfolgreicher Vorstellung auch die Zeit danach Spaß machen. Wird man nicht genommen, hilft der Gedanke, daß es mit diesen Leuten vermutlich auch nicht gut geklappt hätte.

Aber es gibt auch einige Wege, das Vorstellungsgespräch so zu gestalten, daß die Zimmersuche bestimmt nie ein Ende findet.

Sechs schlaue Antworten, ein Zimmer garantiert nicht zu bekommen

1. Frage: *„Was machst du eigentlich sonst noch so außer Schule/Arbeit/Studium?"*
Antwort: „Äh, also, ich hänge total gern Zuhause rum und laß die Glotze laufen. Abends geh ich echt gern weg, und wenn ich dann nach Haus komm, so mit'n paar Freunden, dann guck ich erstmal in den Kühlschrank, was es da so drin hat, ja und dann feiern wir noch ein bißchen weiter..."

2. Frage: *„Wie sieht das bei dir mit Zeitung aus ...?"*
Antwort A: „Ihr habt keine Zeitung ... das macht gar nix, ich komm eh' nicht zum Zeitunglesen..."

Antwort B: „Ach, ihr habt eine und alle beteiligen sich daran? laßt mich da mal raus, das lohnt sich für mich nicht, ich schau höchstens mal rein, wenn ihr eh eine habt."

3. *Frage: „Was hörst du so für Musik?"*
Antwort: „Ja, so dies und das, eigentlich so alles gemischt – Hauptsache, es hat einen vernünftigen Baß. Besonders wenn ich nachts nach Haus komm, dann zieh ich mir ganz gern noch 'ne Techno-CD rein..."

4. *Frage: „Hast du eine Freundin/einen Freund?"*
Antwort: „Na klar. Wir sind unzertrennlich – ihr werdet ihn bald kennenlernen. Ich darf nämlich nicht mit auf sein Zimmer, deshalb kommt er immer mit zu mir ... das ist doch sicher kein Problem, oder?"

5. *Frage: „Wo stehst du so politisch?"*
Antwort: „Äh, politisch ... ja weiß nicht ... und ihr?"

6. *Frage: „Warum willst du ausgerechnet bei uns einziehen?"*
Antwort: „Ach wißt ihr, das ist mir eigentlich scheißegal, ich muß sowieso in zwei Monaten aus der Stadt und brauche nur was für den Übergang."

Meine Mitbewohnerin war meine beste Freundin

Von der idealen WG-Besetzung und ihrem Scheitern

Mit den besten Freunden oder Freundinnen ist es wie mit der großen Liebe. Der Reiz liegt oft auch darin, daß sie nicht immer in der Nähe ist. Und genauso wie das Zusammenziehen mit der Liebsten zur Nagelprobe einer Beziehung wird, kann auch die gemeinsame WG schnell zum Ende der Freundschaft werden. Denn während man bisher unheimlich gut damit klar kam, über die jeweiligen dämlichen Mitbewohner zu lästern, fällt dieses Thema plötzlich weg. Stattdessen vereinigen sich beste Freundin und dämliche Nachbarin in einer Person.

Andererseits kann es die Erfüllung des Wohnens sein, wenn nicht irgendwer, sondern gerade er oder sie das Nebenzimmer hat. Die Tür ist immer offen, die Abende sind feucht und fröhlich, das Klo ist bunt, die Küche bestens ausgestattet, das Zeitungssortiment beachtlich, die Feten legendär. Schließlich hat man einen ähnlichen Freundeskreis, vergleichbare Interessen und einen kompatiblen Lebensstil. Das ganze ist zudem auch noch billig: Was man plötzlich an Telefonkosten spart, weil man einfach nur ein paar Schritte gehen muß!

Klappt es jedoch nicht so gut mit der Gemeinsamkeit, wird die Situation ähnlich unangenehm wie das Zusammenleben mit dem Ex-Partner. Gibt es einen Weg, dies zu verhindern? Zumindest läßt sich testen, wie man miteinander klarkommt, wenn nicht nur die schönen Stunden des Tages, sondern ganze Wochen gemeinsam verbracht werden. Funktioniert dies auf einem langen Urlaub, der auch seine stressigen Augenblicke hat, kann auch das gemeinsame Wohnen eine Zukunft haben. Ist der oder die andere jedoch nur in kleinen Dosen zu genießen, wird es nichts mit der idealen WG-Besetzung.

Ich habe einfach mal alles umgeräumt

Vom ersten Tag in der neuen Wohnung, vielen originellen Ideen und genervten Mitbewohnern

So wie jedem Politiker eine 100-Tage-Frist zugestanden wird, bevor Medien und politische Gegner über ihn herfallen, so muß auch ein neuer WG-Bewohner nicht bereits am ersten Tag Begeisterung hervorrufen. Allerdings auch keinen Ärger. Der Versuch, ersteres zu erreichen, führt jedoch oft zu letzterem. Wieso? Im Anfangselan möchte man als Neuer oder Neue gleich alles anders und vor allem besser machen. Einer Unternehmensberatung gleich fällt die neue Mitbewohnerin in den Alltagtrott der WG ein, analysiert mit Kennerblick die Schwachstellen des Zusammenlebens und möchte diese auf der Stelle beheben – sehr zum Leidwesen der Alteingesessenen, die ihre WG-Vergangenheit durch den kreativen Reißwolf gedreht sehen.

Laßt den Taten Worte vorausgehen Bevor man an die Umsetzung der Ideen geht, sollte man sie mit den anderen WG-Bewohnern besprechen. Bevor man Ideen mit den anderen bespricht, sollte man überhaupt mit den anderen sprechen. Über alles mögliche. Am besten, in dem man sich erstmal kennenlernt.

Das Problem sind die unterschiedlichen Perspektiven, aus denen der Einzug eines neuen Mitbewohners oder einer neuen Mitbewohnerin betrachtet wird. Für den Neuling ist der Einzug die große Sache, mit viel Arbeit verbunden, mit Spannung und Neugierde. Ganz anders sieht es für die neuen Nachbarn aus. Sie haben ihre eigenen Sorgen, sind vielleicht froh, daß die Nachmieterfrage nun endlich geklärt ist, doch sehen sie dem ganzen gelassen entgegen. Nicht immer decken sich so die Erwartungen, wenn es um den ersten gemeinsamen Abend geht.

Alles geht besser, aber nicht sofort Der beste Start in das neue WG-Leben dürfte sein, die WG-Familie zum Essen einzuladen, selbstgekocht und mit ein paar Tagen Vorlauf, damit die anderen sich darauf einrichten können. Nach einigen Flaschen Wein ist dann der richtige Zeitpunkt erreicht, das WG-Leben und die örtlichen Organisationsformen durchzusprechen. Erscheint nun die eine oder andere Putzregelung unsinnig oder könnte der Abwasch offensichtlich besser organisiert werden – egal. Klappe halten und abwarten. Manchmal läuft es in der Praxis doch besser als man meint. Und wenn nicht, dann läßt sich nach einiger Zeit und mit etwas Erfahrung im Rücken immer noch ein Verbesserungsvorschlag machen. Denn so progressiv jeder einzelne WG-Bewohner auch sein mag, bezüglich der eigenen Ideen und Systeme sind alle gleich konservativ. „Das haben wir schon immer so gemacht" ist nicht nur in Amtsstuben die erste Reaktion auf kreative Umsturzversuche.

Ach, was sind wir internett

Von der Homepage, der Kamera auf dem Klo und virtuellen Mitbewohnern

Natürlich muß sich die Wohngemeinschaft nicht auf das gemeinsame Wohnen beschränken. Gelegenheit weckt Triebe. So kann sich schnell ein Gemeinschaftsgefühl entwickeln, das in der Welt verbreitet werden möchte. Und die Welt, das ist das Internet. Ist die WG im Netz, ist sie überall.

Die WG im Netz Voraussetzung für die weltweite Präsentation der WG ist eine eigene Homepage. Diese kann dann von jedem an das World Wide Web angeschlossenen Computer geladen werden. Eine eigene Homepage zu erstellen ist ganz einfach. Man braucht dazu

1. EINEN INTERNETDIENSTANBIETER (PROVIDER), der bereit ist, auch private Homepages auf seinem Rechner bereitzustellen. Das tun alle, denn damit verdienen sie ja ihr Geld. Außerdem bieten auch die meisten Unis diese praktische Gelegenheit, die Studienzeiten weiter zu verlängern.

2. „FREMDSPRACHENKENNTNISSE" in HTML, der Programmiersprache für das World Wide Web. Diese zu erlernen, dauert auch nicht signifikant länger, als man braucht, fließend Spanisch oder Chinesisch zu sprechen, wird aber von viel mehr Computern verstanden. Selbst mit einigen Spaniern und Chinesinnen könnte man auf HTML kommunizieren, will es aber meist nicht.

3. alternativ ein PROGRAMM ZUR ERSTELLUNG VON HOMEPAGES, falls man immer noch glaubt, mit Spanisch weiter zu kommen als mit HTML. Diese Webeditoren funktionieren ungefähr wie eine Textverarbeitung und arbeiten zuverlässig nach dem What-you-see-is-definitely-not-what-you-get-Prinzip. Immerhin, man spart Papier.

4. die seltene KOMBINATION VON ZUVIEL ZEIT UND ZUVIEL GELD, um mit den Punkten eins bis drei klarzukommen.

Was soll auf die Homepage?

1. GERÜCHTEKÜCHE: Der neueste WG-Klatsch und Tratsch. Wer mit wem wie lange in welchem Zimmer genächtigt hat. Was die MitbewohnerInnen von dem neuen Freund von Claudia halten.

2. PRANGER: Nicht geputzt? Im Stehen gepinkelt? Vergessen, Klopapier zu kaufen? Gestern noch gab es Ärger von der WG, heute weiß es die ganze Welt. Mit Foto natürlich.

3. ANFAHRTSSKIZZE: Vielleicht will ja auch jemand persönlich vorbeikommen. Statt vieler Mißverständnisse am Telefon („Die dritte Seitenstraße rechts und die vierte links oder die vierte links und die dritte rechts?") kann sich der Besuch die Karte aus dem eigenen Drucker ziehen.

4. WG-PLAN: Kein Mensch weiß, wozu es gut sein soll, aber der genaue Lageplan der WG gehört einfach ins Netz. Die Zimmer sind natürlich Hyperlinks zu ihren BewohnerInnen.

5. Zimmerfotos: Was für eine Zeitung liegt denn da auf dem Schreibtisch, welche Kondome werden hier bevorzugt benutzt und wer zum Henker steckt da unter der Bettdecke? Ein Klick und die Auflösung ist da. Und das in Farbe. Jetzt kann nicht nur der Vermieter herumschnüffeln, sondern die ganze Welt darf ihrer Neugier freien Lauf lassen. Hyperlinks, Farbscanner und Digitalkamera gepaart mit einer Portion Schamlosigkeit machen es möglich.

6. Eine Livecam-Übertragung aus dem WG-Klo: Alle paar Minuten wird ein aktuelles Foto vom allerheiligsten Örtchen um die Welt geschickt. Viel besser als eine langweilige Kaffeemaschine.

7. Ahnengalerie: Eine Liste der ehemaligen WG-MitbewohnerInnen mit Fotos und Infos zum weiteren Werdegang, vielleicht sogar mit Links zu deren eigenen Homepages. So behält man wegen noch ausstehender Einkaufsabrechnungen leichter den Überblick.

8. Mail-Adresse: Ganz klar, wenn sich schon die halbe Welt Fotos der WG-BewohnerInnen aus dem Farbdrucker ziehen und übers Bett hängen kann, muß es natürlich auch die Möglichkeit geben, ein persönliches Date zu vereinbaren. Ganz ohne 0190-Nummer und selbstverständlich völlig diskret, wenn man einmal von der umfassenden Berichterstattung auf der Gerüchteseite absieht.

9. Der Putzplan: Chris in Neuseeland will schließlich auch wissen, wer für das dreckige Klo verantwortlich ist.

10. WG-Regeln: Wie ist die WG organisiert? Gibt es eine Satzung oder bestimmte Einzelvereinbarungen? Wie schlägt man dem Vermieter ein Schnippchen? Welche Tips könnten auch anderen WGs von Nutzen sein? Sofort ins Netz damit. Hauptsache, der Vermieter hat keinen Internetanschluß.

11. Chatbox: Was denken die anderen über die eigene WG? Hier ist Platz für Kommentare zum WG-Leben, für neue Gerüchte über die MitbewohnerInnen und die üblichen Obszönitäten, die anscheinend jeder zweite Websurfer herauslassen muß, sobald er anonym seine Meinung sagen darf.

12. Besucherzähler: Ohne den geht es natürlich nicht, schließlich sollen alle wissen, wie beliebt die WG-Homepage im Netz ist. Möglichst häufiges Anwählen der eigenen Seiten erhöht die eigene Popularität erheblich. Oder es wird einfach „Herzlich Willkommen, Du bist der 33.444.566. Besucher" auf die Seite geschrieben. Das fällt nur auf, wenn die Seite ein zweites Mal angewählt wird. Also nie.

13. Kummerkasten für Nicht-WG-BewohnerInnen: „Mail uns deine ganz privaten Probleme, wir besprechen das dann morgen früh und publizieren deine Nöte und unsere Lösung vielleicht weltweit im Internet."

14. WG-Links: Eine Liste mit Hotlinks zu den Homepages anderer Wohngemeinschaften, wo es weitere Listen mit Hotlinks zu den Homepages anderer Wohngemeinschaften mit weiteren Listen mit Hotlinks zu den heißesten Pornoanbietern in der ganzen Welt gibt.

Fehlen nur noch die Verrückten, die ihre Zeit und ihr Geld mit dem Unsinn vergeuden, den wildfremde Menschen über ihre MitbewohnerInnen zu berichten haben. Es gibt sie und die Zahl der WG-Homepages nimmt ebenfalls dramatisch zu. Wer sie finden will, schickt einfach eine der vielen Suchmaschinen (z.B. yahoo.de oder lycos.de oder inference.com etc.) mit den Stichworten „WG" oder „Wohngemeinschaft" oder „Verrückte Spinner, die ihre Zeit mit ihren Mitbewohnern vor dem Computer verplempern, um mir mit möglichst vielen unscharfen Fotos von sich eine möglichst lange Ladezeit ihrer Webseite zu bescheren" auf die Suche.

Die virtuelle WG Vielleicht ist die eigene WG aber auch einfach nur zu langweilig, zu konfliktarm oder zu öffentlichkeitsscheu, als daß es sich lohnen würde, der Welt Einblick in diesen trüben Alltag zu gewähren. Dann hilft die Flucht in die virtuelle WG, die nur im Internet existiert. Die Zimmer, die BewohnerInnen, die Probleme, die Streitereien und auch das Pinkeln im Stehen, alles geschieht ausschließlich in der Phantasie der weltweiten Netsurfer. Geht natürlich vor und im Computer, aber man kriegt die BewohnerInnen auch viel leichter wieder raus, sie essen den Kühlschrank nicht leer und müssen lediglich zum Putzen persönlich vorbeikommen.

Beim Geld hört die Freundschaft auf

Von der geteilten Miete, den jährlichen Nebenkosten und viel Rechnerei

Nun kommt das spannendste Kapitel: Es wird mit Zahlen jongliert, daß Euch Hören und Sehen vergeht. Kaum jemand hat wohl vermutet, wieviel Buchhaltung in einer einzigen Wohnung untergebracht werden kann.

Natürlich soll es nicht darum gehen, die WG wie einen Wirtschaftsbetrieb zu führen, aber manchmal kann es ganz hilfreich sein, ein paar Dinge vorher zu planen. Sonst kommt die böse Überraschung, wenn bei der Auflösung der WG Renovierungskosten von DM 2000 bis 3000 Mark entstehen. Wer zu spät plant, den bestraft die Endabrechnung.

Zur Umsetzung all dieser spannenden Rechenideen: In jeder WG wird sich jemand mit einer Schwäche für Buchhaltung finden, der diese Aufgaben mit Freude übernimmt. Ab jetzt kann er offiziell seinem Hobby frönen: Konten verwalten, Abrechnungen erstellen und Diagramme malen.

Die Wohnung unserer Beispiel-WG ist in einem wunderschöner Altbau in bester Lage mit hohen Zimmern, Stuck an der Decke und Kassettentüren. Der Vertrag ist unbefristet, zur Zeit liegt nichts ferner, als an den Auszug zu denken.

Der Knackpunkt ist das Kleingedruckte im Mietvertrag: „Beim Auszug sind Fenster und Türen fachmännisch zu streichen". Wenn man es sich vom Maler machen läßt, kostet das ungefähr DM 300 pro Tür. Auf der Rechnung für die weiße Herrlichkeit stehen am Ende mindestens DM 2000. Von den Fenstern und Wänden haben wir noch gar nicht gesprochen. Sollen die letzten Mieter nicht auf den gesamten Kosten sitzen bleiben, lohnt es sich, frühzeitig vorzusorgen.

Der Endrenovierungsbeitrag Die erste Investition in die Zukunft können die Kautionszinsen sein. Man legt am Anfang fest, daß beim Bewohnerwechsel jeder nur die Kaution von seinem Nachmieter bekommt, die er selbst gezahlt hat. Da der Vermieter das Geld zu „marktüblichen Zinsen" anlegen muß, hat sich über die Jahre einiges angesammelt. Bei DM 4000 Kaution kommen nach fünf Jahren immerhin ca. DM 4800 zusammen.

Sollte das noch nicht ausreichen, vereinbart man einen Endrenovierungsbeitrag, der monatlich gezahlt wird. Legt man das Geld auf einem extra Sparbuch an, kommt man gar nicht in Versuchung, sich daran zu vergreifen, bevor
die WG aufgelöst wird.

Die Höhe wird individuell festgelegt. Das können z.B. pro Bewohner und
Monat DM 5 sein. Bei fünf Bewohnern sind das DM 25. Im Jahr kommt man
damit auf stattliche DM 300.

So beteiligt sich jeder Bewohner entsprechend seiner Wohnzeit in der WG
an den Endrenovierungskosten. Wer nur drei Monate in der Wohnung
wohnt, zahlt auch entsprechend wenig.

Das WG-Konto *Vor dem nächsten Problem steht unsere Beispiel-WG, als
eine neue Waschmaschine gekauft werden muß, weil das alte Modell mit seinen 140-l-Verbrauch pro Wäsche nicht mehr ök (= ökologisch korrekt) ist. Allerdings
zieht Björn in zwei Monaten aus. Verständlicherweise will er kein Geld
mehr in eine Waschmaschine investieren, die seine Levis 501 höchstens dreimal
von innen sehen wird. Nach längerer Debatte beschließt die WG, die Waschmaschine doch noch nicht zu kaufen. Stattdessen wird ein WG-Konto angelegt.
Erst wenn sich dort genug Geld angesammelt hat, sollen größere Anschaffungen getätigt werden.*

Die Finanzierung eines solchen Kontos lehnt sich eng an die Endrenovie-
rungsgebühr an. Auch hier sind pro Monat DM 5 fällig. Während aber das
Endrenovierungskonto prinzipiell unantastbar ist, dient das WG-Konto für
alle Anschaffungen, die das Haushaltskassenniveau übersteigen und dann
auch dauerhaft in der WG verbleiben, z.B. Möbel, Waschmaschinen oder
Mineralwassermaschinen. Die Alternative wäre, daß Björn von seinem Nachmieter einen Teil des Betrages als Abschlag verlangt, den er für die neue
Waschmaschine berappen mußte.

Löst sich die WG auf, können einzelne Bewohner die Haushaltgegenstän-
de von der WG kaufen; das Geld steht dann für die Endrenovierung zur Verfügung oder wird für einen guten Zweck gespendet.

Wenn sich Endrenovierungs- und WG-Konto schon so ähnlich sind,
warum faßt man sie nicht gleich zusammen? Da nicht täglich auf diese Konten zugegriffen wird, lohnt es sich, ein Sparbuch zu eröffnen, das im Gegensatz zu den meisten Girokonten keine Kontoführungsgebühren kostet.

Damit man aber noch den Durchblick behält, welches Geld wohin gehört,
ist eine Kontoführungstabelle erforderlich. Die könnte, am PC erstellt, so aussehen:

	WG-Konto				Endrenovierungskonto				
Datum	Einzahlung	Auszahlung	Verwendungs-zweck	Saldo	Einzahlung	Auszahlung	Verwendungs-zweck	Saldo	Kontostand
1. 3.	20,–		Beitrag	100,–	20,–			100,–	200,–
1. 4.	20,–		"	120,–	20,–			120,–	240,–
10. 4.		40,–	Mixer	80,–				120,–	200,–
1. 5.	20,–			100,–	20,–			140,–	240,–

Mit einer derartigen Tabelle kann man das WG-Konto schnell und einfach verwalten. Wer zu faul ist, diese selbst zu gestalten, holt sie sich im Internet unter http://www.eichborn.de.

Der „Verwendungszweck" erscheint auf den ersten Blick etwas lächerlich, aber erfahrungsgemäß weiß nach zwei Wochen niemand mehr, wofür das Geld ausgegeben wurde.

Alle werden umgelegt Als Abschluß dieses Kapitels die ultimative Variante für Rechenfanatiker: die Umlage *sämtlicher* anfallenden Kosten auf die Monatsmiete.

Folgendes Prinzip liegt zugrunde: Alles was regelmäßig im Jahr anfällt, wird in die Monatsmiete integriert. Was das bringen soll? Nichts ist so nervig, wie alle zwei Wochen damit konfrontiert zu werden, daß jetzt die Zeitung, die jährliche Heizungswartung, der Mitgliedsbeitrag des Mieterbundes, die Müllgebühren etc. bezahlt werden müssen. Abgesehen davon wird sich jede neu eingezogene Mitbewohnerin bedanken, zwei Tage nach Einzug die Müllgebühr für ein ganzes Jahr abzudrücken, nur weil die jetzt gerade fällig ist.

Notwendig ist natürlich ein Konto, auf dem die Gelder gesammelt und wieder verteilt werden können. Wenn die Miete geschlossen von einem Konto aus überwiesen wird, kann dieses auch für alle weiteren Kosten verwendet werden; wenn nicht, lohnt es sich, ein solches Konto einzurichten. Gibt es Studierende in der WG, so ist dies gebührenfrei, da viele Banken für Studenten eine kostenlose Kontoführung anbieten.

Hier ein Beispiel:

	Kaltmiete Zimmer	Neben-kosten	Strom	WG-Konto	Mieter-bund	Müll	Heizungs-wartung	Gesamtmiete
pro Jahr					494,00	288,00	150,00	
pro Monat		120,00	184,00	40,00	41,17	24,00	12,50	
Gunter	309,83	30,00	46,00	10,00	10,29	6,00	3,13	415,25
Johanna	599,51	30,00	46,00	10,00	10,29	6,00	3,13	704,93
Eva	392,59	30,00	46,00	10,00	10,29	6,00	3,13	498,01
Björn	344,31	30,00	46,00	10,00	10,29	6,00	3,13	449,73
Summe	1646,24	120,00	184,00	40,00	41,17	24,00	12,50	2067,92

Recht wohnlich

Von Verträgen, Haupt- und Untermietern und dem Spiegel der Mieten

So spontan und ungeregelt man das Zusammenleben in der WG auch gestalten möchte, ganz ohne feste Vereinbarungen läuft es nicht. Vor allem nicht ohne eine, den Mietvertrag. Wie der aussehen kann und was man sonst an (miet)rechtlichen Dingen zu beachten hat, darum soll es im Folgenden gehen.

Welcher Mietvertrag ist der richtige? Mietzahlung gegen Wohnraumüberlassung, das ist die Basis des Mietverhältnisses, geregelt im Mietvertrag. Um mit einem Vorurteil gleich zu Beginn aufzuräumen: Papier und Unterschrift braucht man dafür nicht. Die Einigung per Handschlag oder am Telefon genügt. Der mündliche Vertrag hat sogar einen immensen Vorteil: Ohne ausdrückliche Vereinbarung gelten die gesetzlichen Bestimmungen des Bürgerlichen Gesetzbuchs – und die sind für den Mieter immer günstiger, weshalb sich kaum ein Vermieter darauf einlassen wird. Aber auch der Mieter lebt nicht ohne Risiko: Was tun, wenn sich der Vermieter zwei Wochen nach Abschluß des Mietvertrages per Handschlag und kurz vor dem geplanten Einzug an nichts mehr erinnern kann und will, weil er die Wohnung mittlerweile anderweitig für mehr Geld vermietet hat? Dann steht man statt vor offenen Türen vor kaum überwindbaren Beweisproblemen.

In der Praxis wird man ohnehin regelmäßig auf schriftliche Verträge stoßen. Für Wohngemeinschaften gibt es grundsätzlich drei verschiedene Möglichkeiten, wie jeder zu seinem Zimmer kommt:

• Die WG-Mitglieder mieten die Wohnung gemeinsam.

• Die Wohnung wird an einen Hauptmieter vermietet, der seinerseits Zimmer an Untermieter abgibt.

• Jedes Zimmer wird einzeln vermietet.

Aus Mietersicht wird man allerdings kaum vor der Frage stehen, welchen Weg man wählt: Zieht man in eine WG ein, ist die Vertragsart vorgegeben. Nur wer eine neue WG eröffnen will, der sollte wissen, was für ihn günstiger ist. Und wie so häufig, wenn es um rechtliche Fragen geht, gibt es keine eindeutige Antwort. Jede Vertragsart hat ihre Vor- und Nachteile.

Alle unterschreiben einen Vertrag In diesem Fall sind alle BewohnerInnen der WG zugleich auch Hauptmieter. Dies bedeutet, daß jeder dem Vermieter gegenüber die gleichen Rechte und Pflichten hat. Rechte klingt gut, aber die Pflichten sind der Knackpunkt. Denn als sogenannte Gesamtschuldner sind alle MieterInnen persönlich für den *gesamten* Mietzins (wie die „Miete" korrekt heißt) für die Wohnung verantwortlich. Wenn einer nicht zahlt, kann der Vermieter das Geld von den anderen einfordern. Natürlich hat derjenige, der letztlich zahlt, danach einen Anspruch gegen seine Mitbewohner, ihm die Miete zu erstatten. Doch wer weiß, ob diese dazu in der Lage sind. Das Risiko, den Mietzins einzutreiben, wird also größtenteils vom Vermieter auf die Mieter abgewälzt. Die Folge für die WG-MieterInnen: Diese Vertragsgestaltung erfordert ein recht großes Vertrauen in die Mitbewohner.

Kündigt der Vermieter, muß sich die Kündigung an alle Mieter richten. Umgekehrt kann auch die WG nur kündigen, wenn alle kündigen. Dadurch ist jedoch ein Wechsel einzelner WG-Mitglieder nicht von vornherein ausgeschlossen. Zumeist wird es möglich sein, einen Mieter durch einen anderen zu ersetzen. Zumindest aber kann das freigewordene Zimmer untervermietet werden. Vermietet ein Vermieter seine Wohnung an eine WG, kann er sich hinterher nicht beschweren, wenn die Mieter häufig wechseln. Denn das ist nun einmal das Wesen einer Wohngemeinschaft, zumindest wenn sie aus jungen Leuten besteht. Genaueres sollte jedoch im Mietvertrag festgelegt werden. Ein seriöser Vermieter wird ohnehin nichts gegen einen Wechsel der Bewohner haben, sofern er rechtzeitig informiert wird und in begründeten Fällen auch einzelne Kandidaten ablehnen kann. Da jedoch – wie beschrieben – jeder auch für die Miete des anderen haftet, hat der Vermieter eine recht große Gewißheit, daß die Nachmietersuche sehr sorgfältig abläuft.

Nur einer unterschreibt den Vertrag, die anderen werden Untermieter Diese Vertragsart ist natürlich auch möglich. Laut Mietvertrag muß jedoch die Untervermietung erlaubt sein. Die übrigen WG-BewohnerInnen schließen dann Untermietverträge mit dem Hauptmieter ab. Diese Variante wird von Vermietern bevorzugt, die nur einen Vertragspartner wünschen. Der Hauptmieter muß sich jedoch darüber im klaren sein, daß er oder sie nun allein dafür verantwortlich ist, daß die anderen BewohnerInnen ihre Miete pünktlich zahlen. Diese müssen als Untermieter jedoch nicht für die Miete der anderen haften.

Dafür droht ihnen eine andere Gefahr: Da sie in keinem vertraglichen Verhältnis zum Vermieter stehen, hängt ihr Verbleib in der Wohnung davon ab, daß auch der Hauptmieter darin wohnen bleibt. Es empfiehlt sich daher, daß schon im Hauptmietvertrag die Regelung enthalten ist, daß bei Ausscheiden des Hauptmieters einer der Untermieter das Mietverhältnis fortsetzen kann. Ansonsten bedeutet der Auszug des Hauptmieters zugleich das Ende der WG.

Aber auch gegenüber dem Hauptmieter steht sich der Untermieter schlechter: Obwohl er in der gleichen Wohnung lebt, sind die Kündigungsfristen eingeschränkt, vor allem dann, wenn das Zimmer bereits möbliert gemietet wurde. Hier sollte vertraglich die 3-monatige Kündigungsfrist vereinbart werden.

Scheidet ein Untermieter aus, kann die WG einen Nachmieter suchen. Der Vermieter muß dies erlauben, wenn es keine gewichtigen Gründe gibt, die gegen den ausgewählten Nachmieter sprechen.

Jeder unterschreibt seinen eigenen Vertrag Immer öfter kommt es vor, daß Vermieter alle Zimmer einer Wohnung einzeln vermieten. Das bringt letztlich mehr Miete, da die Bindung an den Mietspiegel oft nicht gilt, und der Vermieter kann sich seine Mieter persönlich aussuchen. Jeder Mieter haftet dann natürlich nur für seine Miete. Sein Kündigungsschutz ist aber nicht schlechter als in den anderen Fällen.

Diese Vertragsart ist nichts für Leute, die sich ihre Mitbewohner selbst aussuchen wollen. Man kann allerdings mit den Vermietern einen Modus vereinbaren, wonach sich die Mieter selbst um Nachmieter kümmern können. Problem nur: Was tun, wenn sich niemand findet?

Ich mach Ferien, die Wohnung nicht! Wer auf große Weltreise geht, der braucht keine feste Wohnung in Erkenschwick. Was also liegt näher, als das Zimmer während der Ferien unterzuvermieten. Ob das zulässig ist, hängt davon ab, ob die ganze Wohnung oder nur ein Teil vermietet werden soll. Im ersten Fall ist die Erlaubnis des Vermieters erforderlich.

In der WG ist es aber meist nur ein Zimmer, das für einige Wochen untervermietet werden soll. Nun besteht sogar ein Anspruch auf die Erlaubnis des Vermieters, wenn man ein „berechtigtes Interesse" an der Untervermietung hat. Dafür sollten einleuchtende Gründe wie z. B. ein Urlaubs- oder Praktikumsaufenthalt im In- oder Ausland genügen. Wichtig ist jedoch, daß der Vermieter sowohl von der Untervermietung als auch vom konkreten Ferienmieter weiß.

Wann müssen wir raus? Schreckgespenst jeder WG ist die Kündigung. Doch so schnell muß niemand raus aus seinem ehrenwerten Haus. Jede Kündigung ist an Fristen gebunden, und die hängen ab von der Dauer des Mietverhältnisses. Die Mindestfrist ist drei Monate. Die Kündigung muß schriftlich erfolgen und dem Mieter (oder Vermieter) bis spätestens am dritten Werktag eines Monats zugegangen sein, damit dieser Monat bei der Frist noch mitzählt. Die Kündigungsfrist verlängert sich mit zunehmender Mietdauer bis auf zwölf Monate, wenn man länger als zehn Jahre in der Wohnung lebt. Dabei kommt es auf die Gesamtwohndauer der „WG" an; treten also neue Mitglieder in das Mietverhältnis ein, profitieren sie von der Wohndauer der Vormieter, sind aber auch an die längeren Kündigungsfristen gebunden. Der Schutz der Mieter geht aber noch weiter. Der Vermieter darf nämlich nur kündigen, wenn er dafür einen besonderen Grund hat und dieser auch im schriftlichen Kündigsschreiben angegeben ist. Drei Gründe sind besonders wichtig:

1. Die WG hat den Mietvertrag nicht unerheblich schuldhaft verletzt.

2. Der Vermieter macht Eigenbedarf geltend.

3. Der Vermieter ist an einer angemessenen wirtschaftlichen Verwertung des Grundstücks gehindert.

Was bedeutet das? Eine laute Fete, ein vergessenes „Guten Morgen" im Treppenhaus, langhaarige Übernachtungsgäste, all das sind noch keine Ver-

Warum ich in einer WG lebe?

von Patrick Krassnitzer

Eine gute Frage! Und eigentlich ganz einfach zu beantworten, die Worte liegen quasi schon auf der Zunge. Doch im nächsten Moment zögert die Hand, welche die Feder führt und stockt die Rede, wenn man es nicht bei einem oberflächlichen „Weil ich mich wohl fühle" belassen will. Also die Frage vielleicht erstmal ex negativo beantworten und die Alternativen betrachten. Bei den Eltern leben? Auf keinen Fall, schließlich gehört der Einzug in eine WG ja zu dem adoleszenten, sekundären Abnabelungsprozeß, in dem die nunmehr ideelle Nabelschnur erneut durchtrennt wird und man sich sozusagen an den eigenen Haaren von der prallen, üppigen Mutterbrust reißt. Also alleine wohnen? Zu öde, und außerdem will der aufgeklärt-emanzipierte Student nicht in Verbindung mit der degenerierten Yuppie-Single-Kultur gebracht werden. Mit der Partnerin zusammenziehen? Ist nicht zeitgemäß, da eine postmoderne Beziehung die jeweiligen Partner zu einem Lebensabschnittsgefährten reduziert, und wer will schon den ebenfalls vergänglichen Lebensabschnitt als Student mit seinem Lebensabschnitt als fester Partner zeitlich zusammenlegen und danach nicht mehr wissen, was er mit seinem Leben noch anfangen soll (siehe Yuppie-Single-Problematik). Bleibt noch das gute alte Studentenwohnheim. Doch dort trifft man auf Mikro-Ebene konzertiert auf alle Probleme der modernen Gesellschaft. Zum einen die gnadenlose Tatsache, daß die ohnehin knapp bemessene Erdkruste zu 90% von Schwachköpfen und Idioten bewohnt wird und man sich den Kontakt zu diesen oft nicht aussuchen kann. Zweitens die Oberflächlichkeit und Vergänglichkeit unserer mobilen Ex-und-weg-Gesellschaft. Die durchschnittliche Halbwertzeit eines Mitbewohners liegt bei knapp einem Jahr, und dementsprechend sehen Gemeinschaftssinn und Küchenfußboden aus. Und drittens der dem Menschen wohl angeborene Hang zu klar hierarchischen Strukturen, verkörpert durch den direkt-proportionalen Zusammenhang von Wohndauer und Zimmergröße und vor allem durch die ausgeprägte Hausmeister-/Blockwartmentalität der Stockwerksveteranen. Ist also die WG nur die letzte Alternative? Nein…

Die Lebensform WG gewinnt ihren Reiz vor allem durch die große Zahl von lebensnotwendigen sozialen Funktionen, die sie für ihre Bewohner übernimmt. Mit den Worten der strukturalistischen französischen Kultursoziologie ließe sich daher behaupten, daß sich in einer WG eine Vielzahl sozialer Felder an einem Ort im sozialen Raum konzentrieren. Da wäre zum einen das familiäre Feld: eine funktionierende WG hat immer den Charakter einer Ersatzfamilie, in der man Nasepopeln und Bettnässen darf, in der einem niemand sagt, wann man heimkommen muß oder sein Zimmer aufräumen soll. Zum zweiten das intellektuelle Feld, das sich in nächtelangen, alkoholgeschwängerten und rauchumnebelten Diskussionen manifestiert. Unvergessen auch die Abende, an denen bei Gänsekeulen und Champagner über den fiktiv, real oder gar nicht existierenden Sozialismus philosophiert wurde. Nicht zu vergessen natürlich das sexuelle Feld, das in zweifacher Form in die WG strahlt. Einerseits als Partnerersatz für beziehungsfrustrierte, -geschädigte und -unfähige Single-Existenzen, die ihren Trieb auf dem WG-Klo ausleben und sich ihr Zärtlichkeitsdefizit von den Mitbewohnern ausgleichen lassen. Andererseits ist eine WG natürlich auch immer eine Bühne des Partnerkarussells. Jeder, der mal in einer WG gelebt hat, kennt die gierig-prüfenden Blicke, die der beziehungsfrustrierte, -geschädigte und -unfähige Single der neuen Mitbewohnerin samt ihres weiblichen Freundeskreises zuwirft. Außerdem wird eine WG schnell zum Anerkennungsort für sexuelle Leistungskraft, wenn zum dritten Mal in einer Woche ein anderer Übernachtungsgast am Frühstückstisch sitzt. Unerwähnt sollte auch das Freizeit-Feld nicht bleiben: nirgendwo können Freizeit-Partner so aufwandslos und spontan rekrutiert werden wie in einer WG, auch wenn nicht jede WG ihre eigene Fußballmannschaft gründet. Bleibt noch eine letzte, antizipatorische

Funktion der WG: für die meist studentischen WG-Bewohner ist die Lebensform WG eine zeitlich begrenzte, die mit dem Abschluß des Studiums endet und somit die letzte Stufe vor dem Eintritt in die warme Biederkeit einer gesicherten bürgerlichen Existenz darstellt. Und so können sich die ehemaligen WG-Bewohner als frustrierte Vierzigjährige mit Reihenhaus, Benz und laufenden Scheidungsverfahren an nostalgischen Abenden in ihren Erinnerungen an die wilde WG-Zeit suhlen.

letzungen des Mietvertrages. Wird aber die Miete vorsätzlich nicht bzw. immer zu spät gezahlt oder die Wohnung einer örtlichen HipHop-Band als Übungsraum überlassen, steht die Kündigung ins Haus. Wird der Hausfrieden schließlich so nachhaltig gestört, daß dem Vermieter die Fortsetzung des Mietverhältnisses nicht mehr zugemutet werden kann, droht sogar die *fristlose* Kündigung. Kurzum: Wer die Miete pünktlich zahlt und aus der WG kein Bordell macht, braucht vor einer Kündigung keine Angst zu haben.

Benötigt der Vermieter jedoch die Räume der WG als Wohnung für sich, andere zu seinem Hausstand gehörenden Personen oder seine Familie, ist dies ein Kündigungsgrund. Doch Vorsicht: Oft ist der Eigenbedarf nur ein vorgeschobener Grund, um lästige Mieter loszuwerden. In diesem Fall kann man vom Vermieter Schadensersatz einklagen. Der Vermieter muß den WG-Mitgliedern dann alle durch die Kündigung entstandenen Kosten (Malerkosten, Kosten für die Suche nach einer neuen Wohnung, Umzugskosten, Mehrkosten durch die Anmietung einer vergleichbaren Wohnung und auch eventuelle Prozeßkosten) ersetzen.

Was aber, wenn der Vermieter ein Pärchen an der Hand hat, das ihm den doppelten Mietzins zahlt? Dann ist er durch die WG aus seiner Sicht zwar an einer angemessenen wirtschaftlichen Verwertung gehindert, das Mietrecht sieht darin aber keinen erheblichen Nachteil und läßt die Möglichkeit, durch anderweitige Vermietung mehr Miete zu kassieren, als Kündigungsgrund nicht gelten. Anders ist es beispielsweise, wenn ein unwirtschaftlich gewordenes Gebäude abgerissen werden soll oder bei einem Verkauf nur für das geräumte Hausgrundstück ein angemessener Preis erzielt werden kann.

Kündigt der Vermieter der WG, weil er die Wohnung komplett sanieren will, dann muß er darlegen, daß die Sanierung wirtschaftlich geboten – und nicht nur persönlich gewünscht – ist. Einzelne bauliche Maßnahmen wie Modernisierungen oder Instandhaltungen berechtigen ohnehin nicht zur Kündigung.

Bewohnen oder nur vorübergehend gebrauchen? Einschränkungen im Kündigungsschutz ergeben sich, wenn der Wohnraum nur „zum vorübergehenden Gebrauch vermietet" wurde. Dies könnte bei WGs dann der Fall sein, wenn man z.B. als Student einzieht, den Mittelpunkt seiner Lebensführung aber im Elternhaus behält und erkennbar nur für kurze Zeit in der Wohnung bleiben will. Dieser Sachverhalt muß aber klar aus dem Vertrag hervorgehen. Aus dem Status des Auszubildenden oder der Studentin läßt sich jedenfalls nicht schließen, daß der Mietgebrauch nur vorübergehend sein soll. Sicherer ist es allemal, den Wohnsitz zu wechseln und in Bezug auf die voraussichtliche Verweildauer den Mund zu halten – wer weiß schon, was morgen passiert. Wird der Mietvertrag dann auf unbestimmte Zeit abgeschlossen, kann der Vermieter den Kündigungsschutz auch nicht dadurch umgehen, daß er einfach „nur zum vorübergehenden Gebrauch" in den Mietvertrag schreibt.

Jeder Fall ein Einzelfall Soweit das Prinzip. Das Mietrecht ist noch viel komplizierter und letztlich hängt alles von der Situation im Einzelfall ab. Wenn man sich mit den Vermietern und den Nachbarn halbwegs versteht, sollten die Probleme bereits zu einem frühen Zeitpunkt erkannt und beseitigt werden können. Kommt es dann doch zur Kündigung, können allgemeine Hinweise nicht mehr weiterhelfen. Dann führt der beste Weg zum örtlichen Mieterverein oder zu einem Anwalt, der sich auf Mietrecht spezialisiert hat.

Mietspieglein in der Hand, wohn' ich zu teuer im ganzen Land? Neben der Kündigung ist die Mieterhöhung Ärgernis Nummer 2 im Leben der WG. Aber auch die Miete kann nicht beliebig maximiert werden. Wichtigste Waffe gegen die unberechtigte Mieterhöhung ist der Mietspiegel, den es es allerdings noch nicht in allen Gemeinden gibt. Er spiegelt die Durchschnittsmieten in der Stadt wieder, aufgegliedert nach Wohnort, Alter und Ausstattung der Wohnung. Anhand von Tabellen läßt sich die eigene Wohnung in das Raster einordnen und die Miete mit der Durchschnittsmiete vergleichen. Liegt sie viel höher, ist der Gang zum Vermieter fällig, damit dieser die Miete senkt. Es kann sogar sein, daß er die bisher gezahlte überhöhte Miete wieder herausgeben muß. Stellt sich jedoch heraus, daß die eigene Miete viel zu niedrig ist, sollte man den Mietspiegel schnell verschwinden lassen, bevor er dem Vermieter in die Hände fällt. Den Mietspiegel gibt es bei der Gemeindeverwaltung zusammen mit den nötigen Erklärungen, was man in welchem Fall tun kann.
Es gibt natürlich kein Recht der WG, auf immer und ewig eine im Vergleich zu anderen Wohnungen erfreulich niedrige Miete zu zahlen. Der Vermieter hat drei Möglichkeiten, diese zu erhöhen:
• Er greift selbst zum für ihn günstigen Mietspiegel.

• Er läßt ein Sachverständigengutachten zur Miethöhe erstellen.
• Er begründet die Mieterhöhung mit dem Hinweis auf drei vergleichbare Wohnungen.

Findet er auf einem dieser Wege heraus, daß die WG bisher zu wenig Miete zahlt, ist eine Mieterhöhung zulässig. Aber nur dann, wenn die Mieterhöhungen in den folgenden drei Jahren zusammen 30% (manchmal auch nur 20%) nicht übersteigen. Diese Einschränkung nennt man Kappungsgrenze.

Wenn gute Worte nicht mehr helfen Nun gut, schöne Tips waren das, den Frieden können sie nicht immer garantieren. Wenn das Reden nicht mehr hilft, muß man eben zu härteren Maßnahmen greifen, und dies am allerbesten nicht alleine. Denn nicht immer, wenn man als MieterIn etwas ungerecht findet, ist es auch wirklich unrechtmäßig. Das Mietrecht ist mieterfreundlich, aber auch die Vermieter haben ihre Rechte. Dumm, wer sich aus der Erregung heraus in einem Rechtsstreit mit dem Hauseigentümer überwirft. Hinterher steht man mit einer satten Rechnung für Gericht und gegnerischen Anwalt da und die Miete bleibt erhöht. Besser ist es daher, den Ärger einmal zu überschlafen und dann Rat beim örtlichen Mieterverein zu suchen. Die Mitgliedschaft kostet Beitragsgebühren, doch dafür ist die Beratung kompetent. Ein vermiedener Rechtsstreit macht die Kosten locker wieder wett, und die Nerven werden auch geschont.

Recht einig untereinander Wenn alle WG-BewohnerInnen Hauptmieter sind, und erst recht im Falle der Untervermietung, kommt man auch um interne Verträge nicht herum. Zur Sicherung des WG-Friedens gilt hier noch mehr als im Verhältnis zum Vermieter, daß potentielle Streitpunkte frühzeitig und damit in aller Ruhe diskutiert werden, damit es gar nicht erst zu Problemen kommt. Wichtig sind beispielsweise
• die Verteilung der Nebenkosten und Betriebskosten auf die einzelnen Mieter,
• das Prinzip der Nachmietersuche und die Verpflichtung aller MitbewohnerInnen, dabei mitzuhelfen,
• die Aufteilung der Miete, wenn nicht sofort ein Nachmieter gefunden werden kann,
• die Beteiligung an eventuell durchzuführenden Schönheitsreparaturen,
• die Rückzahlung der Kaution (oder Zahlung der Kaution an den ausziehen-

den Mieter) und ein eventueller Abzug für Schäden in der Wohnung bei vorzeitigem Auszug eines Mitmieters,
• die Frage der Zwischenuntermiete während des Urlaubs, Auslandspraktikums usw.,
• die Frage der Haftung für Schäden, für die kein Schuldiger gefunden wurde,
• die mögliche Verpflichtung des Hauptmieters, den Hauptmietvertrag nicht ohne Information oder gar Zustimmung der Untermieter zu kündigen.
All dies kann auch als eine Art WG-Satzung gestaltet werden, die alle unterschreiben. Hier können auch die Regelungen des Putzplans, des gemeinsamen Kühlschranks oder der Spüluhr verankert werden. Es ist immer besser, die Dinge einmal durchdacht und beim Namen genannt zu haben. Das schließt spätere Mißverständnisse frühzeitig aus.

Die garantiert unrepräsentative WG- Statistik

Von anderen WGs in unserem schönen Land

Was wäre ein Buch über WGs ohne Diagramme und Mittelwerte. Deswegen fehlt auch in diesem Buch die Statistik nicht. Dafür wurden 51 WG-BewohnerInnen interviewt. Nun kommt der Aufschrei der Soziologen. Ja, ja, um wirklich genaue und repräsentative Aussagen treffen zu können, hätte die zehnfache Menge an WGs Rede und Antwort stehen müssen. Dennoch sind die 51 Interviews genug, um Trends zu erkennen.

Die nächsten Seiten sollten helfen zu erkennen, ob die eigene WG im Mainstream treibt oder kräftig dagegen anrudert.

Die Fragebögen waren in drei Bereiche unterteilt:

1. Die formalen Aspekte des Wohnens: Wie groß sind die Zimmer, was kosten sie, wie groß ist die WG.

2. Der Alltag: Wie wird gespült, geputzt und eingekauft.

3. Das Zusammenleben: Was ist wichtig, was stört, wie fühlen sich die WG-Bewohner.

Die formalen Aspekte des Wohnens

Die Zimmergröße Ungefähr die Hälfte aller WG-BewohnerInnen wohnt in Zimmern, die 10 bis 15 qm groß sind. Mit Zimmern in

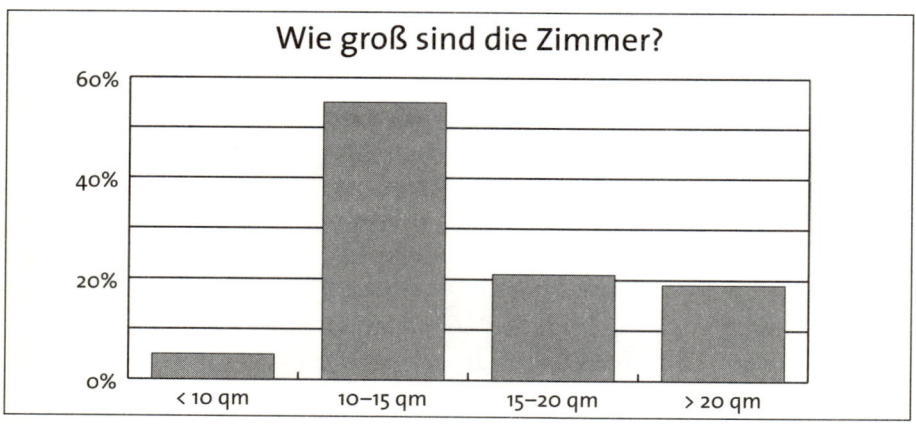

der Größe von Legebatterien müssen nur wenige auskommen: Es gibt kaum Zimmer, die kleiner als 10 qm sind, während immerhin 20% der BewohnerInnen Paläste mit mehr als 25 qm bewohnen. Die durchschnittliche Zimmergröße beläuft sich auf 14 qm, das kleinste Zimmer ist 9 qm, das größte 35 qm groß.

Der Zimmerpreis Einigermaßen überraschend: 20% der Zimmer kosten unter DM 300. Nicht überraschend: 65% der Zimmer liegen im Mittelfeld zwischen DM 300 und DM 500. Schon eher

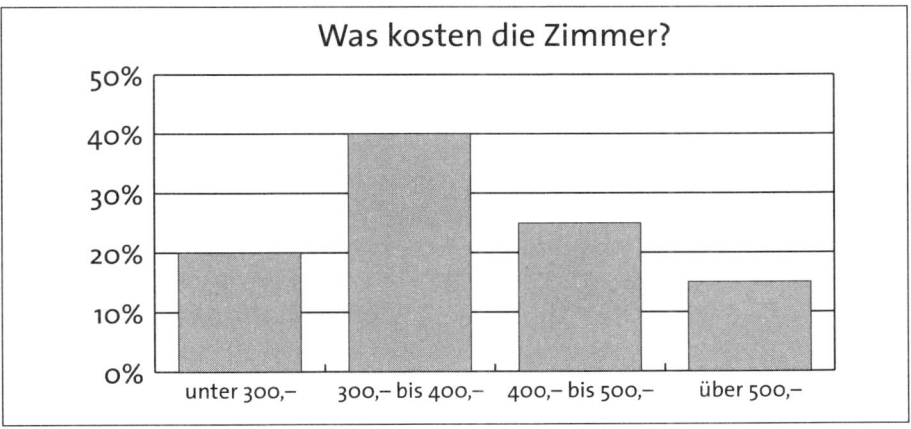

überraschend: Immerhin 10% der Bewohner leisten sich ein Zimmer für mehr als DM 500. Für den durchschnittlichen Quadratmeter in einer WG müssen genau DM 25 auf den Tisch gelegt werden. Das klingt viel, aber in diesen DM 25 ist alles enthalten. Das heißt: sowohl Heizung, Strom als auch der Anteil an gemeinschaftlich genutzten Räumen wie Küche und Flur. Die Spanne geht übrigens von DM 10 pro Quadratmeter (Wohnheim) bis DM 45.

Die Anzahl der Bewohner Statistisch gesehen hat die durchschnittliche WG genau vier BewohnerInnen. In der Realität verteilt sich das aber ein bißchen anders. Ein knappes Drittel aller Befragten lebt zu dritt, ein Sechstel im Duett, und etwas mehr als ein Fünftel liebt das Leben im Rudel: Sie wohnen mit mehr als sieben Mitbewohnern zusammen. Bei diesen Groß-WGs treiben allerdings die Studentenwohnheime, in denen oft zwölf oder mehr BewohnerInnen auf einer Etage leben, die Statistik kräftig in die Höhe.

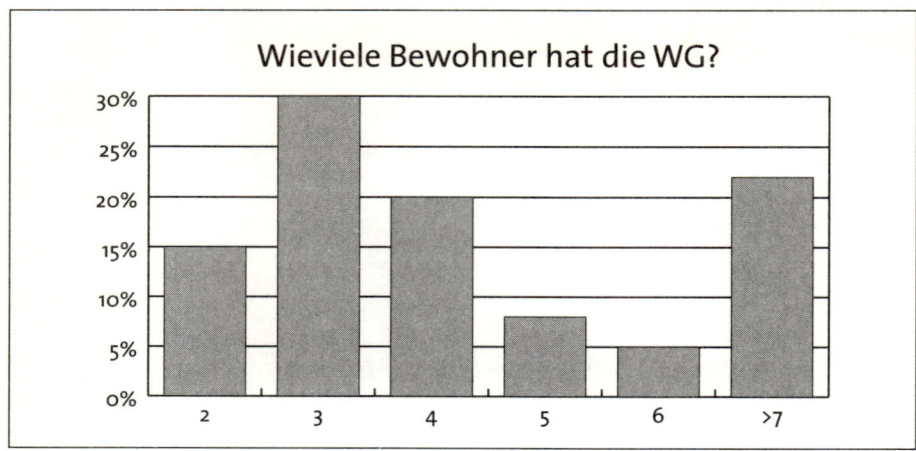

Wieviele Bewohner hat die WG?

Das Wohnzimmer Es war schon immer etwas teurer, einen besonderen Geschmack zu haben. So sehen das zumindest die meisten WGs: 2/3 aller Befragten haben kein Wohnzimmer.

Wenn es doch ein Wohnzimmer gibt, ist es meist zwangsweise, in der Regel ein Durchgangszimmer. Nur ein kleiner Teil von weniger als 10% gönnt sich den Luxus eines Wohnzimmers.

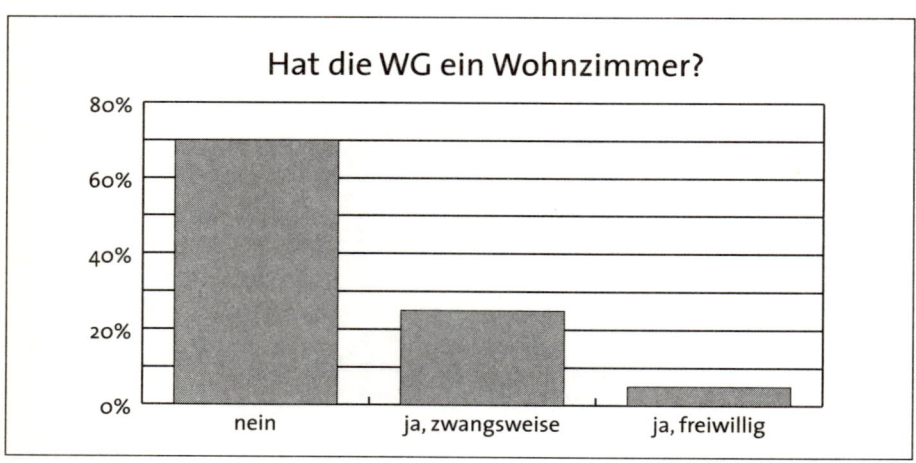

Hat die WG ein Wohnzimmer?

Der Alltag

Der Abwasch Die moderne WG-Gretchenfrage lautet: „Wie hältst Du's mit dem Spülen?"

Es führt das „freie" Prinzip, das ohne feste Regelungen auskommt. (Siehe auch Kapitel *Ich dachte, du wärst dran:* Vom Spülen,

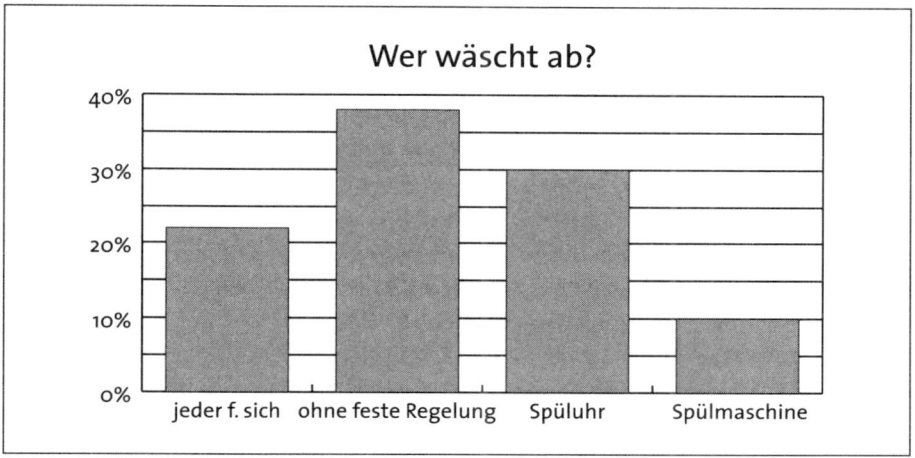

Putzen und anderen unangenehmen Dingen, S. 59). Ein gutes Drittel der WGs hat anscheinend gut erzogene, verantwortungsvolle Bewohner, da sie ganz ohne feste Regeln auskommen. Unter „Spüluhr" wurden all die WGs zusammengefaßt, die den Abwasch mit einem Plan oder einer Uhr regeln. Auf diese Weise legt ein knappes Drittel fest, wer wann spülen muß, während bei einem Fünftel der Wohngemeinschaften striktes Verursacherprinzip gilt: Jeder spült nur, was er oder sie dreckig gemacht hat. Gar keine Probleme haben schließlich jene 10%, die glückliche Besitzer einer Spülmaschine sind.

Noch eine Anmerkung zur „jeder für sich"-Lösung: Die Hälfte der WGs, die dies praktiziert wird, sind Wohnheime – wen wundert's bei mehr als sechs BewohnerInnen.

Sehen wir uns das Ganze noch mal in Abhängigkeit von der WG-Größe an:

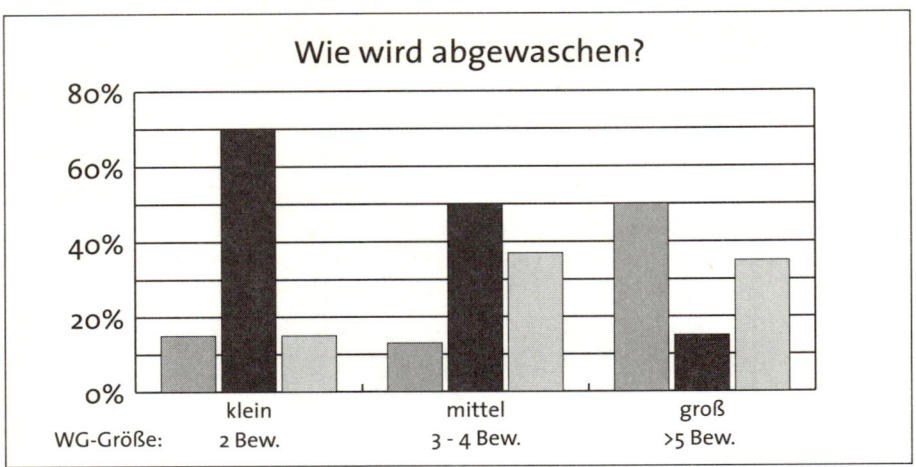

Wie wird abgewaschen?

WG-Größe:
klein 2 Bew.
mittel 3 - 4 Bew.
groß >5 Bew.

Es dominiert bei den kleinen, übersichtlichen WGs mit zwei BewohnerInnen eindeutig die „freie" Regel. Bei den WGs mittlerer Größe (3-4 BewohnerInnen) kann die Spüluhr etwas aufholen, liegt aber immer noch hinter der „freien" Regel. In den großen WGs (5 und mehr WG-Mitglieder) wiederum ist jeder sich selbst der Nächste, obwohl immer noch ein Sechstel ganz ohne feste Regeln auskommt.

Der Hausputz Im Unterschied zum Abwasch ist das Putzen bei der Mehrheit der Wohngemeinschaften straff organisiert. Die

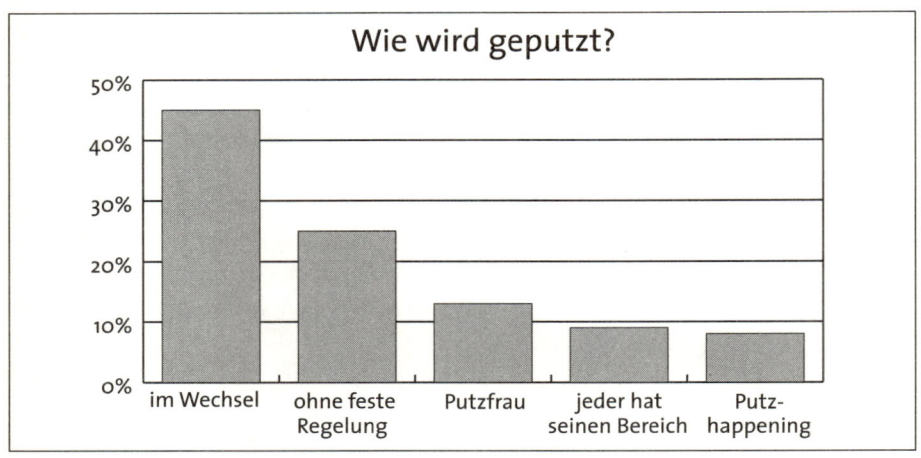

Wie wird geputzt?

im Wechsel
ohne feste Regelung
Putzfrau
jeder hat seinen Bereich
Putz-happening

meisten WG-BewohnerInnen brauchen öfters mal was Neues: Fast die Hälfte putzt im Wechsel. Je nach Größe der WG ruht die Last des Putzens jeweils auf den Schultern einer MitbewohnerIn – oder zwei BewohnerInnen sind im Duett für alles verantwortlich. Nach einer oder zwei Wochen wird dann gewechselt. War es beim Spülen noch mehr als ein Drittel der WGs, das der Freispülkultur anhängt und ohne feste Regelung abwäscht, so ist es hier nur noch ein Viertel. Die Putzfrauen hingegen, die in 10% der WGs die lästigen Jobs übernehmen stehen in der Regel ausnahmslos im Dienste der Studentenwerke. Fast zu vernachlässigen sind die 8% der WGs, in denen jeder sein eigenes Reich hat. Das Putzhappening wird – obwohl mit hohem Unterhaltungswert versehen – gerade mal von 4% aller Befragten zelebriert.

Der gemeinsame Einkauf Meine Salami ist auch Deine Salami: Wer seine Lebensmittel alleine kauft, ist ein Eigenbrötler und in der Unterzahl. Glaubt man der Umfrage, kaufen fast 40% aller WGs alle Lebensmittel zusammen. Das ist zwar nicht die absolute Mehrheit, wird aber von den meisten WGs als Abrechnung der Wahl praktiziert. Weitere 32% teilen sich immerhin noch die Grundnahrungsmittel. Bei gut einem Fünftel aller WGs kauft jeder für sich ein, während die ausgefallenere Variante des Gewürze- und Klopapier-Sharing vor allem von Studentenwohnheimen praktiziert wird.

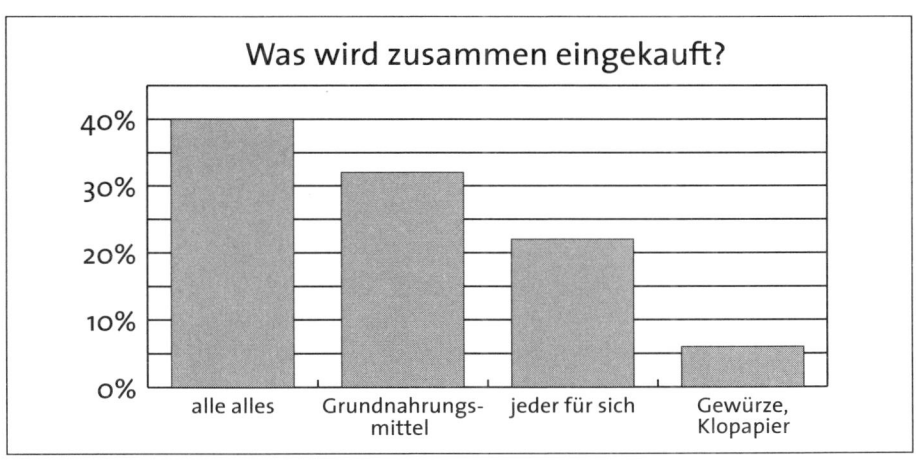

Das Zusammenleben

Der WG-Wert Die Interviewpartner wurden gebeten, ihrer WG eine Note, den sogenannten „WG-Wert", zu geben. Dieser konnte von 1 bis 10 gehen. 1 entspricht der reinen Zweck-WG, in der die BewohnerInnen außer der gleichen Adresse nicht viel gemeinsam haben. 10 wiederum ist die moderne Familie, in der man Zuhause ist und sich wohl fühlt.

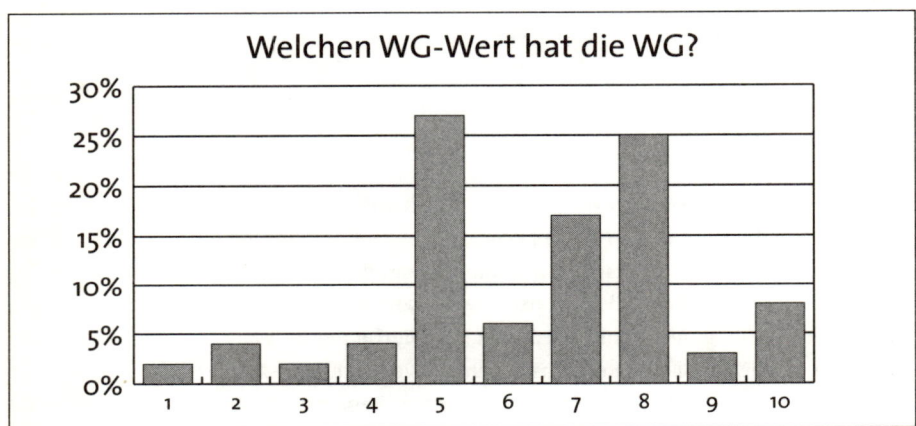

Zweckgemeinschaften gibt es nicht viele: Gerade mal 8% haben einen WG-Wert von 1 bis 3 angegeben. Die meisten konnten sich nicht so recht entscheiden und vergaben die Note 5 – das heißt dann wahlweise „weder noch" oder „sowohl als auch". Am zweithäufigsten wurde 8 angegeben. Unter diesem Wert muß man sich eine WG vorstellen, die schon einiges mehr ist, als nur „nettes Zusammenleben". Man kocht häufiger zusammen und versteht sich auch so ganz gut. Immerhin 10% aller WG-BewohnerInnen haben das „Glück", in einer WG mit der Note 9 oder 10 zu wohnen.

Wesentliche Faktoren des Zusammenlebens Der Mensch ist ein Herdentier! Was manche Psychologen schon seit langem predigen, hier erfährt es empirische Bestätigung: Für zwei Drittel aller Bewohner ist das Gespräch und die Möglichkeit zum Austausch mit den Mitbewohnern das Wichtigste, alles andere ist zweitrangig. Anders kann man das Ergebnis der Umfrage gar nicht deuten. Es lebe der Kaffeeplausch in der WG-Küche am Sonntagnachmittag!

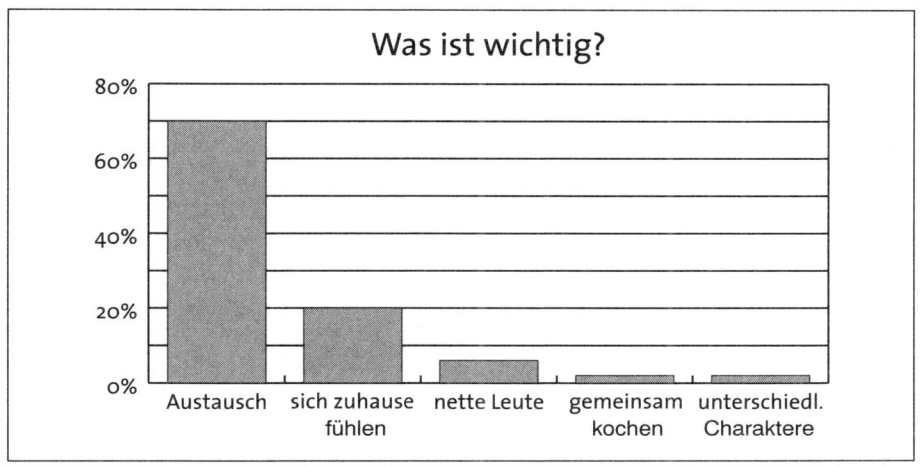

Was ist wichtig?

Störfaktoren Ein knappes Viertel der BewohnerInnen hat eine stabile Psyche, sie sind unerschütterlich im Ertragen ihrer Mitbewohner. Oder vielleicht sind auch nur die Mitbewohner diejenigen, die ihrerseits genervt sind? Dem zweiten Viertel der BewohnerInnen macht vor allem Dreck das Leben schwer. Der Rest stört sich entweder am Lärm, an zu unterschiedlichen Bewohnern, zu wenig Kommunikation oder fehlendem gemeinschaftlichem Denken.

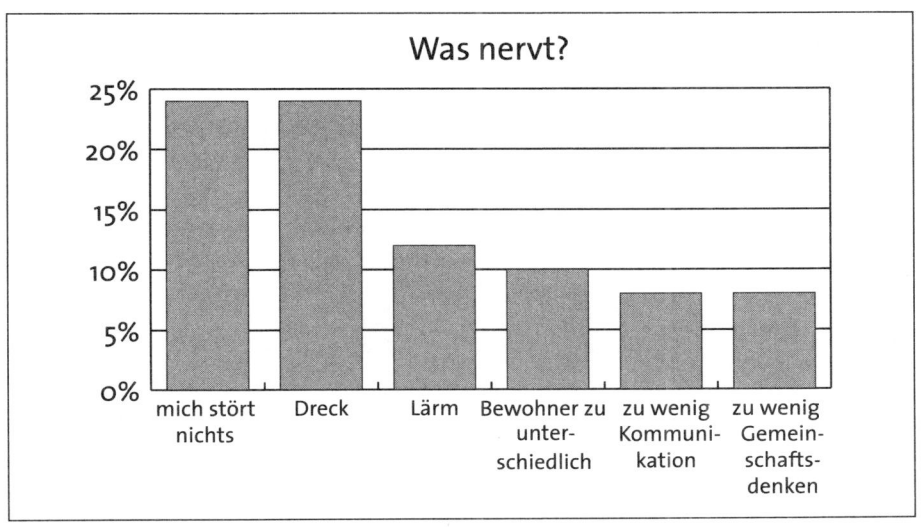

Was nervt?

Entscheidungsfindung Es gibt eigentlich nur zwei Möglich-
keiten, Entscheidungen innerhalb der WG zu fällen: Mehrheit oder
Konsens. Letztere dominiert, wie bei dem Blick auf das folgende
Diagramm deutlich wird.

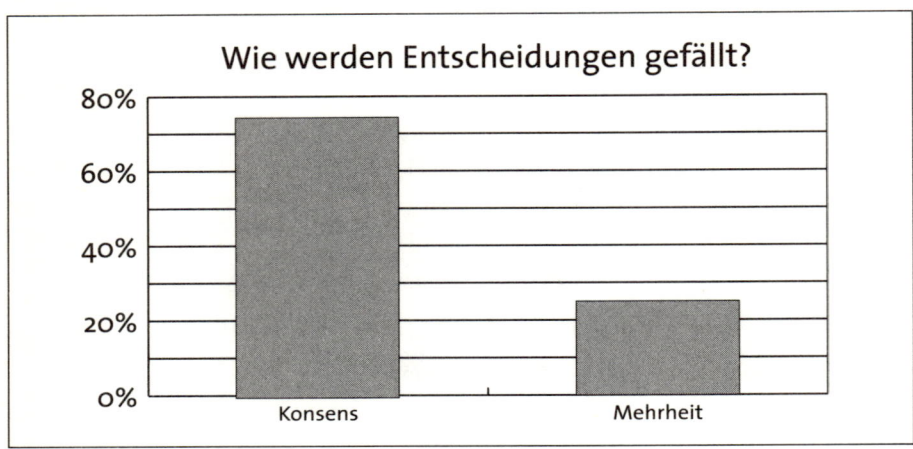

Das läßt sich gut nachvollziehen, schließlich müssen ja alle
„damit" leben können. Wenn eine Entscheidung nur gegen den
Widerstand einer Minderheit durchgedrückt werden konnte, hat
das meist Folgen für den WG-Frieden.

Pärchen Wie sieht es aus mit der Nachbarin, die plötzlich die
Freundin geworden ist?

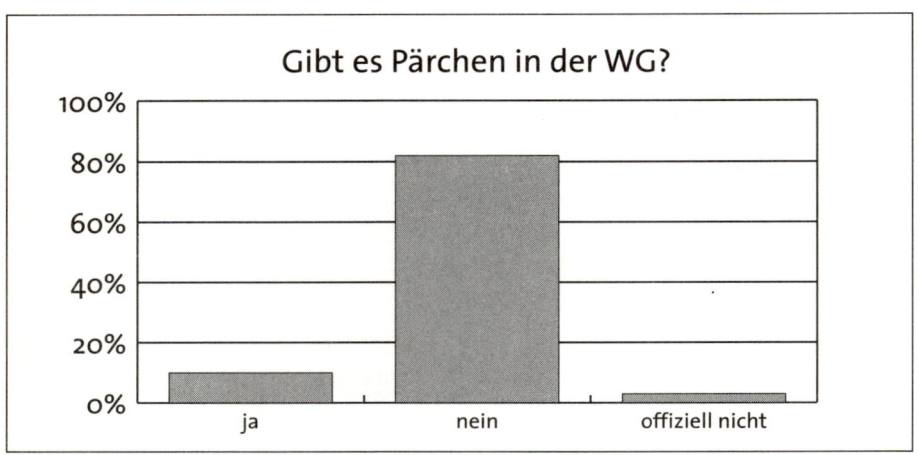

In mehr als 4/5 der WGs gibt es keine Pärchen, gerade mal 1/10 haben den bzw. die FreundIn in den gleichen vier Wänden. Noch eine kleine Variante am Rande: Einmal wurde als Antwort „offiziell nicht" gegeben. Das heißt, in der „offiziellen" Version und vor allem gegenüber der Freundin des entsprechenden Mitbewohners gibt es keine Pärchen in der WG. Nach Einschätzung der Befragten sieht die Realität aber doch etwas anders aus...

Gemeinsames Ausgehen Wenn man gemeinsam wohnt, ist für die meisten Bewohner klar: Man muß nicht auch noch abends gemeinsam einen trinken gehen. Mehr als die Hälfte geht seltener als alle zwei Wochen gemeinsam aus, ein Viertel gerade mal alle

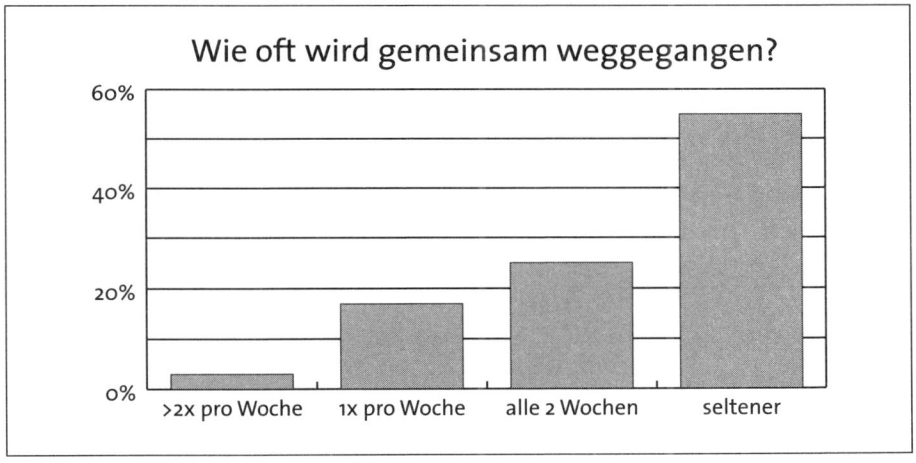

14 Tage, und nur knapp zwei Fünftel gehen einmal in der Woche gemeinsam auf Piste.

Absolute Ausnahme ist eine WG, deren BewohnerInnen anscheinend gar nicht genug voneinander bekommen können: Sie unternehmen mehr als zweimal in der Woche auch abends noch etwas gemeinsam. Nicht erstaunlich, daß der WG-Wert dieser Wohngemeinschaft mit 10 angegeben wurde.

Gemeinsames Kochen Nur für 4% aller Befragten ist die Küche täglicher Schauplatz kulinarischer Happenings. Der Rest verteilt sich relativ gleichmäßig: Ungefähr ein Drittel speist alle zwei bis drei Tage zusammen, das nächste Drittel trifft sich gerade

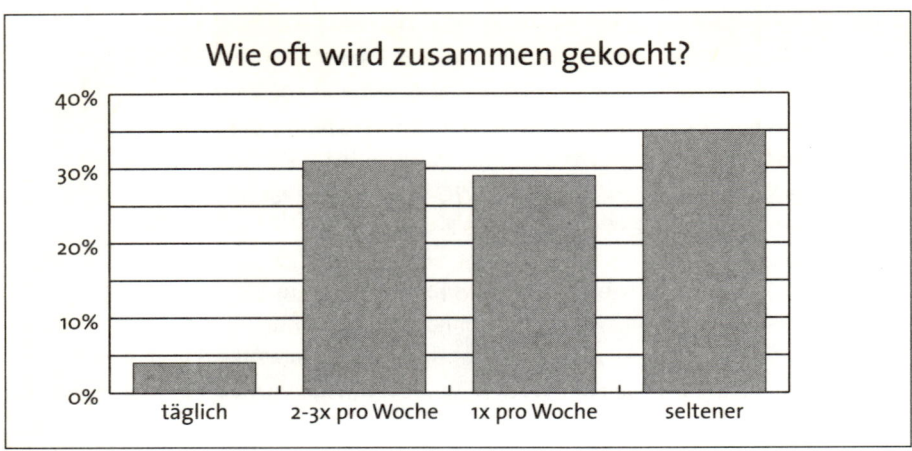

Wie oft wird zusammen gekocht?

mal alle sieben Tage zum Dinner, während das letzte Drittel noch
seltener gemeinsam kocht.

Gründe für das Wohnen in der WG Bei mehr als zwei Drittel aller BewohnerInnen ist es kein Zufall, daß sie nicht alleine wohnen. Sie wollten explizit mit anderen zusammen in einer Wohngemeinschaft leben. Eine Entscheidung, die auf Erfahrung beruht:
88% aller Befragten hatten vorher schon in einer WG gelebt. Prag-
matische Gründe (Kosteneinsparung) bewogen gerade mal ein
Fünftel der Befragten. Für den kümmerlichen Rest hat es sich entweder „so ergeben" oder man fand es einfach „praktischer".

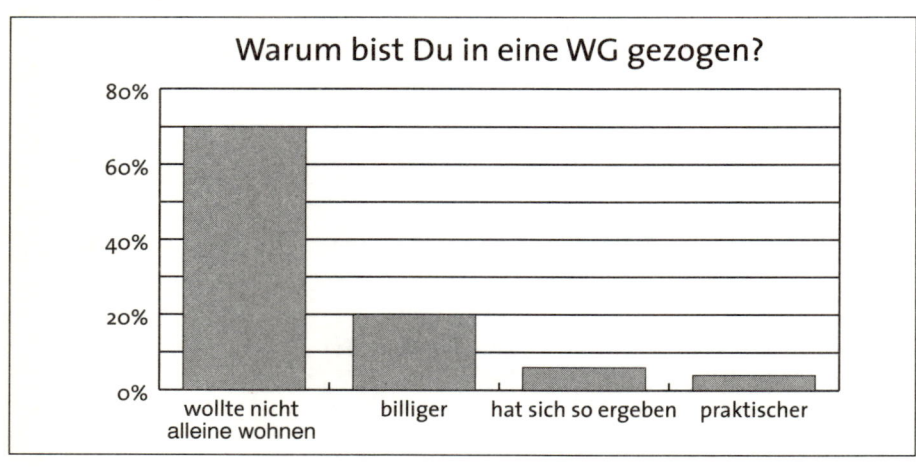

Warum bist Du in eine WG gezogen?

Alle über einen Kamm: Die Durchschnitts-WG Zimmern wir uns doch aus dem Ergebnis der Befragung das Profil der Durchschnitts-WG. Die typische WG hat vier BewohnerInnen. Davon ist die Hälfte weiblich. Die Zimmer sind 14 qm groß und kosten DM 350. Ein Wohnzimmer gibt es nicht, dafür ist die Küche groß und gemütlich. Auf der WG-Skala würde sie den Wert 5 erhalten: Sie ist mal mehr Zweck- und mal mehr Familien-WG. Wie es sich eben gerade so ergibt, abhängig von Zeit und Lust der Bewohner. Die Durchschnitts-WG hat eine Tageszeitung, und alle Lebensmittel werden von allen gemeinsam gekauft. Ein- bis zweimal in der Woche wird gemeinsam gekocht und solange diskutiert, bis die Entscheidungen Konsens sind. In der Küche hängt nur ein Putzplan, da der Abwasch selbstverantwortlich geregelt ist. Sowohl Putzen als auch Abwasch klappen im Großen und Ganzen gut. Obwohl man sich prima versteht, sind die MitbewohnerInnen tabu – Pärchen innerhalb der WG gibt es nicht. Ab und zu geht man gemeinsam weg, aber da jeder noch sein eigenes Leben unabhängig von der WG führt, ist das nicht zu häufig und schon gar kein Zwang. Alle Mitglieder hatten schon vorher für sich entschieden, in einer Wohngemeinschaft zu leben. Ob sie später noch so wohnen werden, oder ob es bloß eine vorübergehende Phase ist, wissen sie noch nicht. Sie sind sich aber sicher, daß es ihnen zur Zeit gut in der WG gefällt, das Leben dadurch nie langweilig wird. Und wenn sie nicht gestorben sind, wohnen sie heute noch zusammen.

Kleines WG-Lexikon:
Von Abtauen bis Zytotoxin

Abtauen der Polkappen oder des Kühlschrankes. Ersteres wäre blöd und tritt als Folge der Klimakatastrophe ohnehin bald ein, wenn die Menschheit sich nicht endlich am Riemen reißt. Letzteres wäre pfiffig und würde Strom sparen, tritt aber vermutlich erst nach der Klimakatastrophe ein und ist dann auch egal.

Abwasch Geißel der modernen WG, liefert Diskussionsstoff für die ersten 1,5 Stunden der WG-Krisensitzung. Es gibt zwei Auswege:
1. Der Erwerb einer Spülmaschine – Nachteil: teuer.
2. Schaffung einer ABM-Stelle für das WG-Mitglied, das am dringendsten Geld braucht. Wer Geld hat, kauft sich frei – Nachteil: kapitalistisch.

Ach, kochst Du? Heuchlerische Frage eines hungrigen Mitbewohners, der natürlich genau sieht, daß man kocht, und nun auf eine freundliche Einladung zum Essen wartet.

ALDI Kultischer Ort für die Jagd nach Nahrung. Die WG-BewohnerInnen treffen sich am Mittwoch kurz vor Öffnung der Türen mit gezückten Einkaufswagen, um auch ganz sicher etwas von dem Non-Food-Angebot der Woche abzubekommen, zumeist ein Bratpfannenset mit durchscheinendem Boden, einen Geländewagen oder eine Diesellok aus dem Beständen der Deutschen Reichsbahn.

> **ALDI-Party** Bei der ALDI-Party bringt jeder Gast eine Dose aus dem Sortiment des Albrecht-Diskounts mit, bei der vorher das Etikett entfernt wurde. Der Inhalt aller Dosen wird dann in einem großen Topf erwärmt und alle müssen raten, wie das genaue Rezept lautet. Der Sieger darf den Rest in einem Überrest der letzten Tupper-Party mit nach Hause nehmen.

> **Altglas** Besteht zu 99,9% aus Weinflaschen und einem kleinen Anteil von Pfand-Joghurtgläsern, die hier nichts verloren haben.

Auf den Weinflaschen ist zwar oft auch ein Pfand, aber von den 5 Pfennig kann man sich nicht mal das Feigenblatt kaufen, das auf ihrem Etikett dargestellt ist. Alle anderen Getränke kommen in Plastikflaschen, die in den Wertstoffmüll geworfen werden, den dann freundliche MitbürgerInnen auseinanderfieseln dürfen. Das Altglas offenbart Besuchern über Wochen die Trinkgewohnheiten der WG und wird dann von mindestens zwei WG-BewohnerInnen abtransportiert, weil es längst zu schwer für eine/n alleine geworden ist.

Altpapier Altpapier sammeln macht Ungeahntes plötzlich möglich: 1. den Artikel suchen, den man vor ungefähr drei Wochen gelesen hat und nun plötzlich abheften will; 2. bei der Suche danach viel Zeit verlieren, weil die entscheidende Zeitung („ich bin mir sicher, daß der am Montag drin war") doch fehlt; 3. kreatives und ökologisch korrektes Verpacken von Butterbroten, Geschenken, phantasievolles Basteln von Müllbeutelersatz, Vorrat an Fensterputzutensilien, Tapezieren von Zimmerwänden à la Christo etc. Das Altpapier ist aber gerade immer dann von einem eifrigen WG-Mitglied entsorgt, wenn man es zu oben Genanntem mal braucht. Ansonsten aber ist es durchaus zu ehrfurchterweckendem, die Gesetze der Schwerkraft verhöhnendem Stapelwachstum in der Lage.

Bewerbungsgespräch Knallhartes Kreuzverhör. Der potentielle neue Mitbewohner im Kreuzfeuer von intimen Fragen, subtilen Provokationen und scheinbar beiläufig dahingeworfenen WG-Geschichten. Undercoverpolizisten geben sich als unschuldige Zimmersucher aus, um sich Anregungen für Polizeiverhöre zu holen.

Brot Der Pfau unter den Lebensmitteln. Getreideprodukt, das binnen weniger Tage eine wundersame Verwandlung vom langweiligen nackten braunen Laib zum strahlend grünen Pelz durchmacht. In voller Blüte zu schade zum Essen. In Stücken eingefroren und in der Mikrowelle bei niedrigster Stufe warmgemacht ersetzt es den Kontakt mit der feindlichen, kalten Luftfront zwischen WG-Tür und Bäcker.

Bügelbrett Tresen vor dem Fernseher, auf dem Bügeleisen und Hemd eine um so unheilvollere Verbindung eingehen, je spannender der Krimi ist.

Bügeleisen 1. Instrument zur Ablenkung von noch ungeliebteren Dingen, die aber eigentlich noch viel dringender anzupacken wären. Überwindet außerdem das schlechte Gewissen beim Genießen von soap operas durch beruhigend sinnvolle Nebentätigkeit.
2. Unverzichtbares Hilfsmittel beim faszinierenden Hitzekunstdruckverfahren, zu dem sich alle Arten liebgewonnener Kleidungsstücke eignen. Außerdem benötigst Du: einen ablenkenden Anruf.

Capuccinomaschine Typisches Werbegeschenk für das an sich selbst vermittelte Zeitungsabo. Super Sache, auch wenn in dem Prospekt nichts von langer Aufheizphase, noch längerer Putzphase, ohrenbetäubendem Lärm und der noch stärker spritzenden Aufschäumdüse stand. Gehört deshalb wie der Sandwichtoaster in die Kategorie der unbenutzten, aber stellflächenintensiven Haushaltsgeräte, die die ganze Küche verstopfen.

CDs Manifestation eines genialen Schachzugs der Musikindustrie, die vor folgenden zwei Problemen stand: Sie wollte zum einen den Schallplattenpreis mindestens verdoppeln und zum anderen die Fans davon überzeugen, daß man eine Lieblingsplatte unbedingt zweimal im Schrank haben muß. Beides wurde erfolgreich umgesetzt. Deine liegen immer irgendwo bei Deinen MitbewohnerInnen, meistens in der falschen Hülle, in die du als letztes schaust.

Dreck, meiner Gibt es nicht.

> **Dreck, nicht meiner** Liegt in der ganzen Wohnung rum und macht mich noch ganz wahnsinnig. Man denkt sich: „Wenn die Drecksäcke ihren Müll nicht bald wegräumen, dann ziehe ich in meine eigene Wohnung. Dort steht wenigstens nur Dreck, meiner (s.o.) rum."

Erkältung Nacheinander stecken sich die WG-BewohnerInnen gegenseitig mit ihrer Grippe an, wobei das Virus so sehr mutiert, daß am Ende der erste Nießer wieder angesteckt werden kann.

> **Essen** Die beste Möglichkeit, sich Anerkennung bei den Mitbewohnern zu holen. „Ich habe da gerade ein opulentes Mahl gekocht, willst du mitessen?" sichert ewige Dankbarkeit.

Fruchtfliegen Kommt der Sommer, kommen Früchte. Kommen Früchte, kommen Fruchtfliegen. Kommen Fruchtfliegen, kommt der Ärger. Mit ihrer aufreizend lahmen Art, durch die Küche zu fliegen, provoziert die Fruchtfliege jeden Koch. Schnappt man nach ihr, schafft sie es immer irgendwie, den Händen zu entwischen. Sucht man ihre Herkunft, führt sie einen in die Irre. Muß man gähnen, fliegt sie einem in den Rachen. Man wünscht sie zur Hölle, wo sie sicher auf die Mehlmotten treffen würde.

> **Frühstück, gemeinsames** Immer dann, wenn man so richtig unausgeschlafen, schlechtgelaunt und halbschläfrig in die Küche zum ruhigen Frühstück tappt, sind die MitbewohnerInnen am fittesten, redseligsten, diskutierfreudigsten.

Gäste Unterscheiden sich von BewohnerInnen manchmal nur dadurch, daß sie nicht in den Putzplan integriert sind.

> **GEZ** Gesellschaft zum Eintreiben von Zwangsfernsehgebühren. Der Mann von der GEZ ist der Prototyp des ungebetenen Gastes. Er möchte nicht über Gott reden, sondern über das Radioprogramm, das da aus einem der Zimmer erklingt, genauer: über das Radio selbst. Gesellschaftlich unbedingt notwendig, damit auch jedes noch so kleine Bundesland seinen eigenen Popmusik-Sender

finanzieren kann und das öffentlich-rechtliche Fernsehen zumindest finanziell auf einem höheren Niveau steht als die Privaten. Ein Großteil des Geldes fließt direkt in Werbespots, in denen für die Anmeldung des Fernsehers so erfolgreich geworben wird, als würde ein Pharmakonzern die Ansteckung mit einer Geschlechtskrankheit empfehlen, weil er dann das passende Medikament dafür hat. Den Jungs von der GEZ geht es an der Wohnungstür wie dem Hund vorm Bäcker, beide müssen leider draußen bleiben.

Großputz Folgt auf ca. fünf bis neun ausgefallene Kleinputze.

Hanfpflanze Beliebte Zimmerpflanze in vielen WGs; optisch eine echte Abwechslung zu Grünlilien und nicht nur deshalb gerne kultiviert. Ein hochinteressantes und von der botanischen Soziologie bisher erst im Ansatz erforschtes Phänomen sei hier erwähnt: Erstaunlicherweise schaffen es Leute, die sonst jede Zimmerpflanze kaputtkriegen (siehe Zimmerpflanzen und ihr Nachteil), Hanfpflanzen regelmäßig zu wässern. Diese gedeihen dann erstaunlich gut, während andere Pflanzen im Zimmer der Anbauerin kurz vor dem Trockentod stehen.

Hausverwalter gemeinsames Feindbild der WG, das besonders in Krisensituationen prächtig zusammenschweißen kann.

Herdplatte, glühende Elektrizitätswerkefreundliche Art der Küchentemperierung. Vor allem an dunklen Winterabenden auch optisch wie olfaktorisch reizvoll – riecht wie ein zünftiges Lagerfeuer. Wenn es auch so aussieht; siehe Küche, brennende.

Kaffeefilter Sind deshalb deutlich mit Nummern versehen, damit man nicht die kleinen in die große und die großen in die kleine Kaffeemaschine steckt. Obwohl es in der Praxis lediglich zwei relevante Größen gibt, heißen die nicht 1 und 2 sondern 1x4 und 102. Nur die Zählweise beim Tennis ist vergleichbar bescheuert.

Kaffeetasse, Lieblings- Nicht irgendeine, sondern die eine, einzig wahre und wichtige Kaffeetasse. Du hast sie damals von deiner Freundin bekommen, angefüllt mit dem besten Lumumba aller Zeiten, oder in dem kleinen Ort gekauft, in dem du beim Trampen für zwei Tage gestrandet bist. Vielleicht hast du sie auch während deines USA-Aufenthalts von der students union geschenkt bekommen, und sie war das einzige, was dir damals Wärme spendete, oder sie erinnert dich einfach an früher, als du jünger warst und die Welt besser. Jedenfalls ist es deine Tasse und du haßt nichts mehr, als wenn sie im Zimmer eines Mitbewohners mit dem restlichen Lumumba von vor drei Tagen vor sich hinschimmelt oder deine Mitbewohnerin aus ihr Tee trinkt, obwohl du Tee nicht leiden kannst und den Teerand schon mal gar nicht. Irgendwann wird sie aus einem ganz dummen Grund kaputtgehen und es wird sein, als sei ein guter Freund gestorben. Dann wird es allen leid tun, daß sie dich um Tage mit deiner Tasse beraubt haben. Doch dann ist es zu spät.

Kakerlaken Anders als bei Bettlaken möchte man unter ihnen nicht die Nacht verbringen. Sie aber auch nicht mit dir, außer du schläfst im Klo oder unter der Spüle. In der Küche sind sie ein zuverlässiger Hinweis, daß der nächste WG-Putz fällig ist.

Keller Der WG-Keller ist ein muffiger Raum, der bis an die Decke mit Zeug vollgestopft ist, von dem alle WG-BewohnerInnen behaupten, daß es ihnen nicht gehört. Man müßte hier mal aufräumen, dann wäre oben viel mehr Platz. Aber man müßte eigentlich so viel. Zum Beispiel die Fotos sortieren, den Kühlschrank abtauen, endlich wieder ins Museum gehen oder ein Buch über Wohngemeinschaften schreiben.

Klopapier, bedruckt mit dem ungekürzten Text von Schillers „Die Räuber" Gibt es noch nicht, obwohl es sicher finanziell von der Stiftung Lesen unterstützt werden würde.

Klopapier, fehlendes Es fehlt immer dann, wenn man es am dringendsten braucht – und wenn die Geschäfte gerade geschlossen haben. Eine soziologisch-vergleichende Studie hat gezeigt, daß NordamerikanerInnen dieses Einkaufsproblem ungefähr

23,4% weniger dramatisch werten, was mit den ca. 35,3% längeren Ladenöffnungszeiten in den USA genau 95%ig korreliert.

Klopapier, parfümiert und mit rosa Blümchen bedruckt Läßt Po und Hände duften und suggeriert deren InhaberInnen, daß es nicht nötig ist, noch zur Seife zu greifen. Spart so Wasser und erhält die natürlichen Ressourcen des Menschen. Das macht die Farbe wieder wett.

Klopapier, recycled Wird aus alten Tageszeitungen hergestellt, nicht umgekehrt. Mit integriertem Tester für den individuell richtigen Härtegrad erhältlich: Verfärbt sich das Papier bei der Benutzung rot, sollte die weichere Variante ausprobiert werden.

Kollektiveigentum 1. Begriff für Dinge, die man gemeinsam besitzt,
2. Begriff für Dinge, die manche gerne gemeinsam besitzen/benutzen würden,
3. oft ein Definitionsproblem.
Kollektiveigentum befindet sich bevorzugt in der Küche, und die Definitionsprobleme beziehen sich meist auf Eßbares.

Konsens Das große Ideal des Zusammenlebens. Wichtiges Wort bei Diskussionen über Basisdemokratie, Antiautorität, Hierarchielosigkeit. Oft mündet die Suche danach in der Erkenntnis, daß alle etwas anderes wollen, darin einander aber zustimmen.

Krisensitzung Die große Aussprache und ein gefundenes Fressen für die Diplomarbeit, sollte ein WG-Mitglied Psychologie studieren. Jetzt kommt alles raus, was man auch längst hätte früher sagen können. Der Brunnen ist mit Kindern angefüllt, der Keller voller Leichen. Keine Kritik bleibt ohne Echo und Echoecho und Echoechoecho.

Küche Das Herz jeder WG. Hier wird bis in die Nacht bei Wein und Whisky philosophiert, werden wilde Raclette-Orgien gefeiert und die richtungsweisenden Entscheidungen der WG getroffen. Halten sich BewohnerInnen mehr als 75% ihrer Zeit in dieser auf, anstatt sich ihrer Hausarbeit zu widmen, sollten sie wegen ihres Verdrängungsproblems mal zum Psychologen gehen.

Küchentisch Ist entweder belegt mit Geschirr vom Frühstück des Mitbewohners, bedeckt mit der aufgeschlagenen Zeitung, verkrümelt, verklebt mit Marmeladeresten oder alles zusammen, jedenfalls nie so, daß man ihn nicht aufräumen muß, um etwas mit ihm anfangen zu können.

Kühlschrank, Tür Vor der Erfindung der Email der Platz für WG-Nachrichten, jedenfalls wenn man diesen witzigen Hollywood-Serien glaubt, in denen zwei supersüße Pärchen zusammenwohnen, deren Männer aber beide unwissentlich schwul sind, während die Frauen im Altenheim heimlich Rentner vergiften. Lustige Magnethalter in Form von Mohrrüben oder Bierkästen halten die vielen Zettel fest, auf denen steht, daß mal wieder dringend Klopapier eingekauft werden müßte. Die Zettel hängen immer dort, weil sie immer aktuell sind.

Mehlmotte, dämliche Steht der Vermieter nicht zur Verfügung, eignet sich immer noch die Mehlmotte zum identitätsstiftenden WG-Feindbild.

Mineralwassermaschine Gerät zur Verlagerung von Abhängigkeiten. Man ist endlich nicht mehr davon abhängig, sich jede Woche ein Auto zu organisieren und vier schwere Kästen fünf Stockwerke in die Wohnung zu schleppen. Ab jetzt wird das Mineralwasser durch einen sanften Druck auf den Knopf des Gerätes erzeugt. Nur ist man jetzt von diesen verdammten Kohlensäurepatronen abhängig, die im Sommer genau dann nicht lieferbar sind, wenn alles schwitzt und Mineralwasser trinken will.

Morgenmuffel Mensch, der morgens beim Frühstück als Kontakt zur Außenwelt höchstens die Zeitung akzeptiert, aber auf frühaufstehende gutgelaunt geschwätzige MitbewohnerInnen einfach keine Lust hat.

Morgenmuffel können erstaunlich bescheidene Leute sein – jedenfalls am Morgen: Außer Zeitung und Kaffee brauchen sie wirklich nichts mehr.

Mülltrennung Von 100% der WG-BewohnerInnen praktiziertes Prinzip der Müllentsorgung. Allerdings verstehen ca. 87,3% der Betroffenen darunter, daß sie sich von ihrem Müll trennen. Die anderen füllen grüne, gelbe, braune und schwarze Säcke oder Tonnen, die dann von einem orangefarbenen Müllauto abgeholt und in mühsamer Kleinarbeit wieder vermischt und irgendwo in ein Loch gekippt werden. Sagt jedenfalls der Siggi immer.

Musik, von nebenan Ist zu laut, zu modern, zu soft, zu nervig, zu verpoppt oder zu blöd, weshalb sie mit dezenten Schlägen an die Zimmerwand abgestellt wird. Oder lauter.

Mutter, des Mitbewohners / der Mitbewohnerin Unterläuft in manchen WGs den Putzdienst-Rhythmus. Unter Umständen ein perfektes Studienobjekt, um die Ursprünge der Schadenfreude der Mitbewohnerin oder der Fehler des Mitbewohners zu ergründen.

Nachbar Man sieht ihn immer in den unpassendsten Augenblicken, z.B. gegen 4 Uhr morgens auf der supergeilen Technoparty, zu der er gar nicht eingeladen war. Bei der Umzugsparty, zu der er eingeladen war, läßt er sich dagegen nie blicken. Bei ihm stehen Salz, Butter und mehr, wenn man es braucht.

Namenskennzeichnungen Dienen auf dem Essen nicht nur dazu, unliebsame Mitesser abzuschrecken, sondern sind auch praktisch, um seinen eigenen Kram nach Wochen der Lagerung im WG-Kühlschrank selbst noch identifizieren zu können.

Naßmüll Heißt so, weil selbst ursprünglich trockener Müll ohne grünen Punkt verdammt naß wird, wenn man ihn nur lange genug stehen läßt. Der Geruch kann es dann problemlos mit Harzer Käse aufnehmen. Der Entsorgung geht eine Diskussion voran, wer den größten Anteil an der Kontamination hatte.

Party, gemeinsame Ein lustiges gesellschaftliches
WG-Event, bei dem man eventuell vorhandene Über-
schneidungen der Freundeskreise feststellen kann.
Wenn diese nicht vorhanden sind, kann es zum
Geklüngel werden, oder zur großen Chance, mal neue
Leute kennenzulernen.

Pinnwand Endlagerstätte für wichtige Mitteilungen,
die erst gesehen werden, wenn alles schon zu spät ist,
weil dort noch so viele andere Zettel hängen, die ebenfalls erst gesehen wurden, als schon alles zu spät war.

Putzen Lästig. Nötig. Manchmal willkommen – als
Vorwand, um anderes nicht zu tun (z.B. Lernen).
Manchmal unvermeidlich, da der WG-Druck zu groß
wird.

Putzuhr Zeigt an, wer mit Putzen dran ist. Ein toller
Moment der Genugtuung, wenn nach getaner Arbeit
der Zeiger einen Namen weiter gedreht werden kann.

Rauch Ein sicheres Zeichen für ein ehemals saftiges argentinisches Rindersteak. Oder
es sind Zigarettenkonsumenten in der Küche, obwohl doch verabredet war, daß Gunter
nur in seinem Zimmer qualmt. Vielleicht brennt auch die Wohnung. Das wäre das
Dümmste, weil meist keine WG-Regelung getroffen wurde, ob das o.k. ist oder nicht.

Sandwichmaker Es gibt Geräte, deren Besitz den Neuling in
der WG rasch zum Liebling machen. Der Sandwichmaker gehört
unbestritten dazu. Das Prinzip: Toastscheiben mit dem belegen,
was der Kühlschrank gerade noch so hergibt, ab in die Maschine,
Klappe zu, Sandwich geboren.

Silberfische Anders als Goldfische nur sehr selten im bauchi-
gen Glas gehalten. Überaus pflegeleichte Tiere, die mit sich und
dem ungeputzten Bad zufrieden sind. Können über Weihnachten
bedenkenlos in der Wohnung gelassen werden und gehören nicht
in die Gruppe mit höchster Schutzpriorität beim Tierschutzbund.
Sie vertragen weder scharfes Reinigungsmittel noch den Schlag
mit der Morgenzeitung. Bei Fußtritten zeichnen sie sich durch die

Fähigkeit aus, blitzschnell im Profil der Sohle Unterschlupf zu finden und sich scheckig zu lachen.

Staubsauger Es gibt zwei Arten: Zum einen die guten alten Kompaktgeräte, die bequem mit einer Hand durch das Zimmer zu manövrieren sind und prima saugen. Leider sind sie vom Aussterben bedroht. Sie werden zunehmend verdrängt durch die neuen Zweiteiler im Dackelformat, bei denen das Gehäuse sich an jeder Schrankecke verhakt und der Schlauch mit Saugrohr zwar überall abgestellt werden kann, aber auch überall nach einer circa dreisekündigen Schikanephase zuverlässig umfällt. Man benutzt ihn, wenn man die Wette bezüglich der Teppichfarbe gewinnen will. Man benutzt ihn nicht, wenn er gerade nicht im Zimmer steht.

Staubsaugerbeutel Brauner Papiersack mit Gummidichtung, der teuer und eigentlich überflüssig ist, da es mit dem Recycling der alten Dreckstüten prima geht. Außerdem finden sich auf diese Art so manche längst verloren geglaubte Gegenstände wieder, wie Haarnadeln, Eheringe, Geldstücke und vieles mehr. Auf die Aromaporen achten ... ach nee, das sind die anderen Beutel.

Stehpinkler Moderne Männer, die ihre letzte Zuflucht vor der weiblichen Welt auf der Toilette gefunden haben. Vom Aussterben bedroht, sobald sie ihre eigenen gelben Spritzer selbst wegwischen müssen. Einziger tragfähiger Kompromiß: Vor der Schüssel hinknien. Die Würde wird gewahrt und es kommen Erinnerungen an damals auf, als man noch sechs Jahre alt war. Problem nur, wenn vorher ein echter Stehpinkler kräftig gespritzt hat.

Tageszeitung, geklaut 1. Die Katastrophe am Morgen. Das Ende vom Tag. Der zweite Schock nach dem Wecker. Wissenschaftliche Studien haben ergeben, daß die Gewaltbereitschaft eines übermüdeten Arbeitstätigen vor seinem leeren Briefkasten ungefähr achtzehnmal so groß ist wie die eines durchschnittlichen Massenmörders.
2. Eine feine Sache. Billiger als am Kiosk, näher dran als am Kiosk und vor allem abwechslungsreicher als ein eigenes Abo, da im Haus neben der SZ, der FAZ und dem lokalen Gurkenblatt auch die taz gelesen wird. Die ist am Kiosk gar nicht erhältlich, weil das

kapitalistische Establishment nichts übrig hat für eine Zeitung, die endlich einmal schreibt, wie verdammt unsozial dieses Land geworden ist.

Tageszeitung, weggeworfen Die Katastrophe am Abend. Der Tag hat noch nicht richtig angefangen, da liegt sein Inhalt auch schon im Papierkorb. Nur weil deine Mitbewohnerin mit dem Fortsetzungsroman schon am Mittag fertig war und der Papierkram so viel Platz auf dem Tisch weggenommen hat.

Tante-Emma-Laden, nebenan Im Volksmund Tankstelle genannt und auch nachts geöffnet, wenn die Vorräte zur Neige gehen. Es gibt dort alles, was man zum Autofahren braucht: Bier, Sekt, Schnaps und Tiefkühlpizza.

Telefon Hilfsmittel, um endlich einmal Klartext miteinander zu reden. Immense Vorteile sind: Man muß dem Gesprächspartner nicht in die Augen sehen, kann nebenher in der Zeitung blättern, in der Nase und im Ohr bohren und überprüfen, was am Hintern so juckt. Ohne hinderliche Schnur kann man das Telefon mit aufs Klo nehmen und dort vergessen. Es ist im Augenblick der Benutzung umsonst und bei der WG-Abrechnung wird sowieso gemogelt.

Toaster Gehört in die Kategorie von WG-Einrichtungs-Ausrüstungs-Gegenständen, deren Wartung, sprich Entkrümelung, immer an einer Person hängenzubleiben scheint, nämlich an der eigenen.

Toilettentüren, dünne Ohrenkino für die Phantasie. Die Mitbewohner versammeln sich vor der Tür und raten, was drinnen vor sich geht. Ist ein Mann auf der Toilette, dann fragt man sich, ob er ein selbstbewußter (s. dort) Stehpinkler oder ein armes, unterdrücktes Schwein ist.

Treibhaus „Auf eine Marihuana-Plantage von zwölf Quadratmetern Größe sind Rauschgiftfahnder der Polizei in einer Mietwohnung bei Freising (Oberbayern) gestoßen. Eine Wohngemeinschaft hatte ein Zimmer in ein Treibhaus umfunktioniert. Bei hoher Temperatur und spezieller Beleuchtung seien die Pflanzen, aus deren Blütenharz Haschisch hergestellt werden kann, dort prächtig gediehen, berichtete die Polizei am Mittwoch. Die fast einen Meter hohen Pflanzen wurden ins Polizeirevier transportiert." (FAZ 18. 5. 1995, S. 9)

Trinken, gemeinsames 1. Letzter Versuch, den verlorengegangenen WG-Frieden wiederherzustellen. Spätestens beim 5. Bier ist aller Zwist vergessen und man liegt sich glücklich-lallend in den Armen.
2. Freizeitbeschäftigung am Abend. Billiger als in der Kneipe und ohne Gefahr, beim Weg nach Hause gegen eine Parkuhr zu laufen.

Waschmaschine, ultramodern Waschbrett mit Stecker. Einziger Widerstandskämpfer gegen die Invasion der Mikrochips. Statt automatischer Verschmutzungsgraderkennung, Wäschefarbscanner und Gewicht-Perlen-Ultra-Kodierung mit fuzzylogicgesteuerter Vollprogrammautomatik, kurzum statt „Wäscherein-anschalten-alles-wird-sauber-nichts-verwäscht-oder-verfärbt-fertig" finden sich bei über zwanzig leuchtenden Knöpfen und mindestens drei Drehrädern insgesamt um die zweieinhalbtausend verschiedene Programme für jede Wäsche, von denen du immer dasselbe benutzt, weil du die anderen nicht verstehst. Ebensowenig wie die Waschanweisungen, die sich in Form eines international abgestimmten und daher in jedem Land gleich unverständlichen Bildchencodes irgendwo in den Klamotten finden. Egal, meistens wird es nicht so sauber wie im Fernsehen, aber zumindest der Gestank geht raus. Auch was.

Waschmaschine, uralt Schwingt beim Schleudergang das Tanzbein, weshalb WG-Mitglieder sie liebevoll „unsere Techno-Waschmaschine" nennen.

Zimmerpflanzen, die der anderen Die Mitbewohnerin ist weg. Man gießt die Pflanzen mit. Man stellt sich der Verantwortung. Oder auch nicht. Der Klassiker: Man vergißt zu gießen. Noch wenig bekannt: In einigen besonderen Fällen werden die Pflanzen in der Abwesenheit des Besitzers besser behandelt und gedeihen plötzlich wieder. Eine neue Studie aus den USA belegt, daß sich beide Effekte statistisch ausgleichen. Wenn man alle WGs mittelt.

Zimmerpflanzen, meine Grüne Wesen, die das Zimmer bereichern. Gute Staubfänger und nicht nur deshalb Luftreiniger. Einziger lästiger Nachteil: wollen wenigstens ab und zu gewässert werden. Diese Eigenschaft wird vielen Grünpflanzen leider zum Verhängnis, es sei denn, sie verkleiden sich als Hanfpflanze (s. dort). Beim Wässern allerdings auch zu beachten: Der Ficus ist keine Wasserpflanze...

Zitate-Board Zettel/Tafel/Wand, auf dem/der Zitate aufgeschrieben werden, die WG-Mitglieder in beliebigen Zusammenhängen fallen lassen und die dann von anderen WG-Mitgliedern als aufschreibenswert angesehen werden. Beispiele:
„Ich bin ja hier der WG-Bauer."
„Seit die WG-Autorität durch drei geteilt wird, und nur noch zwei Drittel mir zufallen ..."
„Vorher war es in der WG eher philosophisch-dialektisch, mittlerweile hat sich der Boden den Füßen angenähert."

Zwang Einziges Mittel zur Wiederherstellung von Disziplin und Lebensfreude, wenn alles „Du, wir müssen da mal drüber reden ..." endgültig versagt hat. Merkwürdigerweise vor allem von Gegnern jeder staatlichen Gewalt mit Überzeugung eingesetzte Maßnahme, weil Geist und Körper nicht immer in die gleiche Richtung wollen (Besenkammer).

Zytotoxin Gibt es in keiner WG, gehört aber an das Ende eines anständigen Lexikons.

Wer zum Teufel ist ...

Von links nach rechts: Jens Jeep, Robert Neumann, Oliver Nelle

Jens Jeep

Jens Jeep wurde 1970 geboren und bezog bereits nach wenigen Tagen seine erste Wohngemeinschaft. Trotz des großen Altersunterschiedes zu den berufstätigen Mitbewohnern lebte er dort fast zwanzig Jahre und mußte sich erfreulich selten um den Abwasch und nie um die Wäsche kümmern. Der anschließende Zwangsumzug in eine Groß-WG mit 80 Männern, einem Duschraum und unzumutbar langer Kündigungsfrist verlief dagegen ernüchternd, so daß er die Kameraden schnellstmöglich verließ. Jeep wechselte zum Studium der Rechtswissenschaften in eine südbayerische Familien-WG, ersetzte dort als Untermieter einen der Söhne, bekam die Wäsche gewaschen, Kuchen gebacken und nach einem Jahr wegen Überlastung der Vermieterin gekündigt.

Die nächste Wohngemeinschaft vereinte in ihren Räumen Vertreter von drei verschiedenen Hochschulgruppen und gab der politischen Diskussion eine höhere Priorität als dem Abwasch. Mit dem Umzug nach London folgte der Aufenthalt in der Lady Chapmann Hall, in dem neun Engländer ungefragt dafür sorgten, daß im Kühlschrank keine Lebensmittel schlecht wurden. Das anschließende Experiment, im südbadischen Haus einer achtzigjährigen Rentnerin zu leben, führte zum Abbruch aller Sozialkontakte, da zwischen Zimmer und Küche drei Stockwerke und die Vermieterin lagen.

Die Flucht gelang in eine Zweier-WG des Studentenwerks mit einer in den Flur integrierten Küche ohne Dunstabzug und einem 1,5 qm großen Duschklo aus Vollplastik, in der er seinen Mitbewohner aufgrund elementar verschiedener Schlaf- und Arbeitsgewohnheiten in fünf Monaten nur sechs Mal traf. Kaum in eine schmucke 4er-WG umgezogen, kümmerte sich Jeep mit Passion um die Neugestaltung der Küche, was aufgrund des Vetos der drei Mitbewohnerinnen sofort rückgängig gemacht werden mußte. 1½ Jahre später folgte der bisher letzte Umzug in eine 5er-WG, deren BewohnerInnen er nichts von diesem Buch erzählt hat, um sie weiter als Ideenreservoir ausnutzen zu können.

Wenn er nicht gerade an seiner Doktorarbeit schreibt, blickt Jens Jeep mit glänzenden Augen auf eine 27jährige Erfahrung mit neun verschiedenen Wohngemeinschaften und 107 MitbewohnerInnen zurück. Er möchte nie anders leben. Sollte dieses Buch ein

Erfolg werden, wird er lediglich seine Wohnung kaufen und endlich die lästigen Zimmernachbarn rauswerfen.

Robert Neumann

Robert Neumann erblickte das Licht der Welt 1970 im damals noch
geteilten Berlin. Seine Kindheit verbrachte er in Darmstadt, einer
eher unspektakulären Stadt. Schon in der Schule fiel er durch seine
schüchterne, zurückhaltende Art auf. Nachdem seine Schulbil-
dung (11 Jahre Waldorf-Vollwert-Erziehung) von offizieller Seite
als abgeschlossen betrachtet wurde, beschloß er, eine große, auf
mehrere Jahre angelegte Feldstudie zum Thema WG durchzu-
führen. Start war in Nordamerika: Er verbrachte ein Jahr in einem
Camphill, einer Einrichtung, in der mit geistig behinderten Menschen in Wohngruppen bzw. Familien zusammengelebt wird.
Dort brachte man ihm viele Dinge bei, die für das Leben in der WG
unerläßlich sind: Wie man seine Mitbewohner morgens rasiert
und anzieht, wie man sie anschließend beim Frühstück füttert
und abends dafür sorgt, daß sie wieder rechtzeitig ins Bett kommen.

Wieder in Deutschland, begann das nächste Jahr der Studie. Es
stand unter dem Motto: „Extreme Wohnsituationen". Teilnehmer
an diesem auf 15 Monate angelegten Experiment waren
19–22jährige Männer, die jeweils zu dritt oder zu viert in Gruppen-
zimmern untergebracht waren. Damit das seelische Gleichgewicht gewahrt blieb, durften sie tagsüber in einem Krankenhaus
arbeiten. Höhepunkt dieser Etappe waren jene Nächte, in denen
die eine Hälfte der Teilnehmer früh ins Bett gegangen war, weil
sie am nächsten Morgen um 5:30 Uhr aufstehen mußte. Die andere Hälfte wiederum brauchte *nicht* um 5:30 Uhr aufstehen und
kam daher weit nach Mitternacht sturzbetrunken nach Hause. Es
soll darauf verzichtet werden, die anschließenden Diskussionen
näher zu beschreiben.

Nun lockte eine Erweiterung der Forschungen: Wie lassen sich
Wohnen und Studieren kombinieren? Um sich mit dieser Frage
näher zu befassen, zog Robert nach Freiburg, studierte nebenbei
Physik und wohnte in einem Haus mit 176 Bewohnern. Glücklicherweise gab es auf einem Stockwerk nur 15 dieser Mitbewohner,
sonst hätte die ganze Studie einen vorschnellen Abschluß gefunden. Es ist sicher nachvollziehbar, daß die Studie an diesem Ort

zeitlich ausgedehnt werden mußte: Wie teilt man sich eine Dusche und drei Klos mit 16 Leuten, wie identifiziert man sein Butterpäckchen neben 15 anderen.

Nach dreieinhalb langen Jahren waren auch diese Untersuchungen abgeschlossen.

Seit dieser Zeit lebt Robert glücklich und zufrieden in Freiburg in einer WG mit den vier besten MitbewohnerInnen der Welt.

Oliver Nelle

Geboren 1970 in Warburg, zog Oliver Nelle ein Jahr später nach Stuttgart. 1973 folgte das erste Eigenheim in Kassel. Dort hielt er es bis ein Jahr vor dem Abitur aus: 1988 Umzug in eine Mietwohnung. Nach einem weiteren kurzen Jahr Eigenheim zog es ihn 1990 nach Freiburg in seine erste "richtige" Wohngemeinschaft. Das Biologiestudium begann. Von dieser 2er-Zweck-WG ging es dann in die 2er-Liebes-WG. Nach dem Scheitern dieser Wohnform zog sich Oliver Nelle ins Exil eines 9 qm-Dachzimmers ohne Dusche im Freiburger Westen zurück. Doch nicht lange. 1992 verlegte er seinen Wohnsitz für ein Auslandsstudienjahr an der University of Edinburgh nach Schottland, wo er ein Zimmer im Haus einer Familie mit zwei Kindern und zwei Untermietern fand. Oliver Nelle machte hier seine Erfahrungen mit einer Wohnform zwischen Untermietverhältnis und Wohngemeinschaft, wobei er sich eher wie in einer WG mit Kindern fühlte. 1993 zurück in Freiburg, folgte die Wohnheimzeit: Ein Jahr teilte er mit 12 Studierenden dreier Nationalitäten eine Dusche, zwei Toiletten und drei Herdplatten. Anschließend wohnte er zwei Jahre lang in einer 3er-WG in einem selbstverwalteten Wohnheim. Inzwischen ist die Wohnheimzeit vorbei, aber die Liebe zum WG-Leben geblieben: Er wohnt in einer 3er-WG und klagt gerade seine Mitbewohnerin aus der Wohnung. Ablenken von Studium, Diplomarbeit und WG-Leben läßt sich Oliver Nelle höchstens einmal von AStA-Aktivitäten, Uni-Gremienarbeit, Fahrradfahren, Fotografieren und Bücherschreiben.

Ein Wort danach

Hallo Annika, Katja, Uwe und Sebastian, es tut mir leid, daß ich in den letzten Wochen nicht zum Putzen kam, im Stehen gepinkelt habe und auch nie das Klopapier nachkaufen konnte, obwohl wir das verabredet hatten, aber ich mußte einfach dieses Buch schreiben. Ihr versteht das sicher. – Danke an Kerstin für die rücksichtsvoll rücksichtslose Korrektur und für vieles mehr, an Zeppi für Werbung auch in der Badehose, an alle andern vom Lehrstuhl, an Frank für mehr Kopfnicken als -schütteln, an meine alten und aktuellen WG-MitbewohnerInnen sowie all jene, die sich redlich bemüht haben, die ihnen vorgelegten Textproben witzig zu finden. – Jens

Danke Hartmut, Tatjana, Max, Gail, John, Robbie, Clara, James, Chris, John, Martha, Peter, Ulrich, Barbara, Martin, Thomas, Li, Nicole, Jürgen, Tessy, Gregory, Ruth für sechs mal Wohngemeinschaft der unterschiedlichsten Art, sechseinhalb Jahre WG-Leben und ebensolange unbeabsichtigte Inspiration, ohne die ich an diesem Buch nicht hätte mitschreiben können. Uli für's Lesen und Kommentieren. Barbara für verreißendes Korrekturlesen, beabsichtigte Tips und geniale Einfälle. Und meiner momentanen WG für wohlwollendes „Begleiten" dieses Buch-Projektes, tägliche Erfahrungsbereicherung und nützliche Kommentare. – Olli

Dank an Patrick, Silvia, Michael, Nadja, Katharina und Yvonne dafür, daß ich unser gemeinsames Leben ausschlachten durfte, sowie Elke und Angelika für ihre Inspiration. Danke auch Andreas für die beständige Mahnung an die Vergänglichkeit dieser Welt. – Robert

Noch ein Wort danach

Wie bitte? Deine WG taucht nicht im Buch auf, dein verrückter Mitbewohner fehlt ebenfalls, und euer Putzsystem ist das allerbeste? Kein Problem, in der nächsten Auflage wird alles gut und besser. Schreib uns einfach deine Verbesserungsvorschläge und wildesten Erfahrungen mit dem WG-Leben. Wir bedanken uns schon jetzt für die besten Ideen und Geschichten.

Schick' deine Vorschläge entweder an den

Eichborn-Verlag
Kaiserstraße 66
60329 Frankfurt am Main

oder schreibt uns im Internet unter

http://www.eichborn.de